Z Y P E R N

Asisa Madian
Kai Matthießen

BRUCKMANN

ZEICHENERKLÄRUNG ZU DEN TOURENKARTEN

A4—**9**	Autobahn			Aussicht
40	Hauptstraße			Einkehr/Hütte
	Landstraße			Kirche/Kloster
	Nebenstraße			Turm
	Fahrweg			Museum
– – – –	Fußpfad			Prähistorische Fundstelle
	Bahnlinie mit Bahnhof			Denkmal
Ⓐ—Ⓔ	Tourenführung mit Anfangs- und Endpunkt			Höhle/Grotte
– – – –	Tourenvariante			Schloß/Burg/Ruine
	Fernwanderweg			Camping
Genua	Sehenswerter Ort/Stadt			Strand
▲	Gipfel			Markanter Baum
⏝	Pass			Sehenswert
	Quelle - Wasserfall			Landschaftlicher Höhepunkt
P	Parkmöglichkeit	Ⓗ		Busverbindung/Haltestelle

VIER HAUPTKAPITEL

Einführung
Kurze Einstimmung auf das Reiseziel.

Die schönsten Wanderungen
30 Tourenvorschläge mit Kartenskizzen, Infokästen und Tips.

Sehenswürdigkeiten von A bis Z
Die Highlights der Insel.

Reise-Informationen von A bis Z
Aktuelle Infos für die Urlaubsplanung und das Zurechtfinden vor Ort.

PIKTOGRAMME ERLEICHTERN DEN ÜBERBLICK:

Schwierigkeitsgrad:

⃝ leicht

◑ mittel

⬤ anspruchsvoll

 Weglänge

 Gehzeit

 Höhenunterschied

☺ kindgerecht

BRUCKMANNS »SCHNELLSUCHE«

Farben helfen Finden
Bunt hervorgehobene Stichwörter verweisen auf das jeweilige Kapitel:

grün = Die schönsten Wanderungen

blau = Sehenswürdigkeiten von A bis Z

orange = Reise-Informationen von A bis Z

BUCH & FALTKARTE

Koordinaten zur Orientierung
Zur raschen Lokalisierung aller Sehenswürdigkeiten und Wandervorschläge auf der beigegebenen Reisekarte sind im Buch die entsprechenden Koordinaten des Kartenrasters jeweils angegeben: Beispiel: Karte: B 4/5

Wanderung 8 Seite 85

In der Faltkarte wird bei der Tour auf die Seitenzahl im Buch verwiesen.

INHALT

Einführung   *8*

Zypern – die Schöne 10 • Flora und Fauna 11 • Von Klöstern und Kirchen 13 • Insel mit vielen Herren 15 • Der »Vater aller Zyprioten« 17 • Von Küche und Keller 19 • Zypriotische Naschereien 20 • Von schroffen Küsten hinauf zu schattigen Höhen 20

Die schönsten Wanderungen   *22*

Phiní, das bekannteste Töpferdorf Zyperns

ZYPERN – DIE SCHÖNE

Europas östlichste Mittelmeerinsel liegt im Schnittpunkt zwischen Orient und Okzident. Fast schon in Sichtweite von Kleinasien und nur 100 Kilometer von der syrischen Küste entfernt, blickt Zypern dennoch gen Westen. Ein Erbe des britischen Kolonialreiches ist das fast überall gesprochene Englisch, und westliches Gedankengut wird auch heute noch schnell integriert. Im Bann seiner eigenen komplexen Kultur ist Zypern gleichzeitig Schnittpunkt dreier Kontinente und somit geprägt durch die geographische Lage. Selbst nach der zeitweiligen Herrschaft fast aller Mittelmeermächte ist noch vieles vom urtümlichen Zypern erhalten geblieben.

Als legendärer Geburtsort der → **Aphrodite**, der Göttin der Schönheit und Liebe, ist die Insel voll Geschichten und Legenden. Zwar locken die Wogen, denen die Göttin entstiegen ist, die meisten Besucher auf die Insel, doch spricht sich schnell herum, was bei Naturfreunden, Wanderern und Botanikern längst bekannt ist – es gibt auch noch ein anderes Zypern.

Pétra tou Romioú – mythischer Geburtsort der Aphrodite

Eingehüllt in Pinienduft erhebt sich das → **Tróodos-Gebirge** beinahe 2000 Meter. Die grüne Lunge Zyperns ist durch ihr trockenes, gesundes Klima schon seit der Antike bekannt. Der Tróodos ist durch ein gut ausgebautes Verkehrsnetz und mit vielen Wanderwegen erschlossen. Viele Klöster und Kirchen der Region zählen zum Weltkulturerbe der Menschheit und sind in die Liste der UNESCO aufgenommen. Die Pflanzen- und Tierwelt des Tróodos ist ebenso schützenswert und zeigt mit ihren endemischen Pflanzenarten und besonderer Fauna wie dem scheuen zypriotischen Mufflon ein anderes Gesicht Zyperns als nur seine sonnenverwöhnten Strände. »Wo die Götter Urlaub machen …«

lautet der viel versprechende Slogan der zypriotischen Fremdenverkehrszentrale und legt uns damit förmlich in den Mund »… da sollte
der Mensch nicht fehlen«. So werden die heutigen Besucher zwar
nicht mehr zu den Pionieren gehören, aber die Wanderer erleben
noch ein Stück des urtümlichen Zypern.

Der Oleander gilt als wichtiges Heilmittel.

Flora und Fauna

Wer Zyperns Landschaft durchwan-
dert, wird an der vielfältigen **Pflanzenwelt** mit ihren botanischen Be-
sonderheiten Freude haben. Durch
die Insellage wurde die Entstehung
vieler endemischer Pflanzen begüns-
tigt. 123 Arten wachsen ausschließ-
lich hier, die meisten verteilen sich
über die Wanderregionen des →
Akámas und des → **Tróodos-Gebir-**

ges. Gleichzeitig hat die geographische Lage zwischen Europa und
Asien dazu geführt, dass neben typischen mediterranen Pflanzen wie
Brutische Kiefer und Wacholder auch zahlreiche Pflanzenarten der
Steppengebiete Vorder- und Zentralasiens hier zu Hause sind. Dritter
wesentlicher Faktor ist das Ausbleiben der Eiszeit. So überdauerten
voreiszeitliche Pflanzen auf der Insel, wie der Johannisbrotbaum
oder der Oleander. Als Letztes brachte der Mensch tropische Pflanzen (Jacaranda, Bougainvillea), Kräuter und Obstbäume mit, die
auch hier prächtig gedeihen.

Den **Nadelwald** findet man im Flachland und auf den Berghöhen.
Die einst waldreiche Insel ist nur noch zu 17 Prozent mit Wald bedeckt. Der Bedarf an Schiffs- und Bauholz führte schon in der Antike
zum Kahlschlag. Vorherrschender Baum ist die Brutische Kiefer, in
höheren Lagen die Schwarzkiefer und eine Unterart der Libanon-Zeder (Cedrus libani ssp. brevifolia). Im Unterwuchs gedeihen dabei
Erdbeerbäume, Zistrosen und Mastix. In der untersten Schicht finden
sich Krokus, Alpenveilchen und Orchideen. Wo es mehr Feuchtig-
keit gibt, wachsen Eichen, Platanen und Ahorne.

Die trockenen Böden der niedrigeren Regionen sind die Heimat der
Olivenbäume und der Kermeseiche. In diesen weitgehend trockenen
Regionen ist die **Macchie** Zyperns zu finden, ein niedriger, mehr
oder weniger dichter Buschwald, der auftritt, wenn die ursprüng-

Den Mufflon, ein sehr scheues Bergschaf, trifft man nur äußerst selten an.

lichen Wälder durch Feuer oder Überweidung zerstört wurden. Typische Gewächse der Macchie sind, außer Kermeseiche, Wacholder und Mastix, Goldeiche und Stechginster.

Eine andere Vegetationsform ist die **Garigua** oder **Phrygana**, ein niedriger Buschwald mit Arten, die nur einen bis zwei Meter hoch werden, trockenheitsresistente, verstreute Sträucher und Zwergsträucher, oft dornenbesetzt. Der Untergrund ist felsig und wenig tiefgründig. Man trifft auf Thymian, Salbei und Zistrosen. Zwischen ihnen wachsen Tulpen, Krokusse und Alpenveilchen. Bei extremer Erosion fehlen die Strauchpflanzen ganz, es bleibt die **Felsensteppe**. In ihr gedeihen nur noch ausdauernde Pflanzen mit unterirdischen Speicherorganen wie Affodill, Traubenhyazinthe oder aber einjährige Pflanzen. Ein besonderes Charakteristikum der zypriotischen Flora ist nicht zuletzt ihr Orchideenreichtum.

Die **Tierwelt** ist dem Wanderer viel schwerer zugänglich. Das bekannteste Säugetier der Insel ist der Mufflon (griech. agrión), ein sehr scheues Bergschaf, das man äußerst selten in freier Natur sieht, am ehesten im → **Wald von Páphos** und um die Forststation **Stavrós tis Psókas**. Dort gibt es auch Mufflongehege. Fuchs, Hase, Eichhörnchen und Wiesel finden nebst den meist nachtaktiven Fledermäusen in den Wald- und Macchia-Regionen Unterschlupf.

Reptilien und **Amphibien** treten aufgrund des vielfältigen Nahrungsangebotes häufig auf, Schlangen wie die ungefährliche schwarze Springnatter trifft man häufig in der Ávagasschlucht an.

Die **Meeresfauna** ist nicht so reichhaltig, wie man angesichts der tief-blauen Flut denken mag. Mangel an Nährstoffen lässt nur wenige Spezies gedeihen; unter ihnen die Meeresschildkröten, die in ihrem Bestand bedroht sind und nur noch wenige Refugien zum Brüten finden, wie zum Beispiel den Strand von → **Lára**.

Die Insel dient als Zwischenstation auf vielen **Zugvogelrouten** von Afrika nach Nordeuropa. Manche Zugvögel rasten nur kurz, andere bleiben als Wintergäste, wie die Flamingos im Salzsee von → **Akrotíri**. Insgesamt wurden 350 verschiedene Vogelarten auf Zypern gezählt. Beliebtestes Jagdobjekt in den Wäldern des Tróodos und in der hohen Macchie ist das Chukarhuhn. Aber auch Wachteln, Fasane und Schnepfen fallen den Jägern zum Opfer. Daher sind viele Vogelarten von der Ausrottung bedroht. Hinzu kommt die Zerstörung der Biotope, sodass den Vögeln kein Überlebensraum bleibt.

Von Klöstern und Kirchen

Schon vor Jahrhunderten waren die Klöster der Insel Wallfahrtsorte für orthodoxe Christen – und in moderner Zeit auch für Schaulustige. Deren Verhalten bewirkte, dass viele Klöster auf immer ihre Tore für Touristen verschlossen (→ **Moni tis panagias tis Trooditissa**). So sollte der Besucher der noch geöffneten Klöster die Regeln und Gebräuche akzeptierten.

Golden schimmernde Mosaiken spiegeln den Reichtum des Klosters Kykko wider.

Wenn man Zyperns Gotteshäuser betritt, überfällt einen immer wieder ein großes Erstaunen darüber, wie sehr das anspruchslose Äußere mit den farbenprächtigen Fresken im Inneren kontrastiert (Ágios Nikólaos tis Stégis). Die Bedeutung der Fresken kann man nur annähernd begreifen, wenn man versucht, sie mit den Augen und dem Herzen eines Gläubigen aus dem Mittelalter zu betrachten. Wenn wir also ein Gotteshaus betreten, verlassen wir die graue irdische Welt und tauchen ein in überirdische Regionen. Hier begegnet man all den Heiligen, die in der anderen Welt zu Hause sind. Für den Moment des Gottesdienstes und der Andacht war man Teil der christlichen und nach damaligem Verständnis göttlichen Ge-

meinschaft. Die Hierarchie dieser Gemeinschaft, die himmlische Ordnung, ist in den Fresken und in deren Anordnung wiedergegeben. So wurden Gemälde mit Christusdarstellungen immer höher angesiedelt als solche mit Heiligen. In Kirchen mit einer Kuppel wurde Christus jeweils als alles Beherrschender abgebildet; Maria mit

> ## Tipp
>
> **Die Schlüsselfrage**
>
> Der Schlüssel für die Himmelspforte dürfte in vielen Fällen wohl kaum schwieriger aufzutreiben sein als der Schlüssel für die orthodoxen Kirchen Zyperns. Da sie häufig Ikonen und andere historische Schätze bergen, ist diese Vorsicht sicherlich angebracht. Der Pope mit der Schlüsselgewalt ist meist nicht vor Ort, am ehesten fragt man im Kaffeehaus nach ihm. Dort weiß man zumeist, wo er sich befinden könnte. Wartezeiten oder ein zweiter Versuch sind somit immer einzuplanen.

dem Kind bekam einen Ehrenplatz in der Apsiswölbung (Panagía tou Arakou in → **Lagoudherá**). Auch die Bildinhalte wurden streng festgelegt. So liegt das Kind nicht in einer Krippe, sondern auf einem Altar – Hinweis darauf, dass der Mensch durch die Teilnahme am heiligen Abendmahl an der Überwindung des Todes Anteil haben wird. So waren die Fresken wichtige Lehrstücke auf dem Weg zum rechten Glauben (→ **Panagía Angelóktistos** in **Kíti**).

Die besonders gut erhaltene byzantinische Kirche Agia Aikaterini

Insel mit vielen Herren

Funde aus der Steinzeit (ab 10 000 v. Chr.) beweisen: die Besiedlung Zyperns liegt 12 000 Jahre zurück. Das Zypernmuseum in → **Nicosia** zeigt Exponate aus den Anfängen der Besiedlung, von Keramik über Steinwerkzeuge bis hin zu Schmuckgegenständen.

In der Bronzezeit (2300–1050 v. Chr.) wurden Kupfer und Bronze verarbeitet. Der Name Zyperns leitet sich vermutlich von Kupfer (griech. kýpros) ab, für dessen reiche Vorkommen die Insel bekannt war und das sie früh zum Ziel von Eroberern und Händlern machte. Sie brachten Keramiken, Tonwaren, Schmuck und eine noch nicht vollständig entzifferte kypro-minoische Silbenschrift mit. Die Hellenisierung, deren Nachhaltigkeit bis heute zu spüren ist, begann ab 1200 v. Chr. Doch bis zur hellenistischen Kunstperiode (325–58 v. Chr.) wechselten die Herrscher ständig, Phönizier gründeten 800 v. Chr. → **Lárnaca** (Kítion),

Assyrer und Ägypter kamen, Perser schufen die Königsgräber von **Sálamis**, in denen die Toten mit reichen Beigaben bestattet wurden. Die Ptolemäer entwickelten rege Bauaktivität, prächtige Nekropolen wie die Königsgräber von → **Páphos** entstanden. Unter der folgenden römischen Herrschaft und dem kurzen ägyptischen Intermezzo (Cäsar schenkte Cleopatra die Insel) entwickelten sich die Städte zu Kunstzentren, wie z. B. → **Koúrion**.

Die venezianische Elias-Brücke nahe Phiní

Tipp

Museen zu Zyperns Geschichte

- Zypernmuseum in Nicosia: 10 000 Jahre Geschichte vom Ursprung bis in die Gegenwart.

- Ausgrabungsstätte Kourion: Als Rom als die Macht auf der Insel übernahm.

- Königsgräber von Pafos: Hellenistische und Römische Grabanlage.

- Mosaiken von Pafos: Kraftvolle Darstellungen heidnischer Mythen zu Roms Zeiten.

- Amathus: Als die Phönizier das Land eroberten.

Mit der Ankunft des Apostels Paulus und des hl. Barnabas begann 45 n. Chr. die Christianisierung. In der folgenden byzantinischen Epoche entstanden die prachtvollen Klöster und Kirchen. Im Inneren zeichnen sie sich durch die Malereien aus, die Armenbibeln für das des Lesens unkundige Volk. Die schönsten Beispiele finden sich in → **Asínou** und → **Lagoudherá**.

Doch die Zeit war auch geprägt durch immer wiederkehrende Einflüsse der Araber. Als eine nahe Verwandte von Mohammed, Hala Sultan, auf Zypern verstarb, errichtete man ihr zu Ehren die Hala Sultan Tekke am Salzsee von → **Lárnaca**.

Mit Ausklang des 12. Jhs. erschienen die Templer auf der Insel, um nur ein Jahr später Zypern an die französische Dynastie der Lusignan abzutreten, die sie bis 1489 in Besitz hatten. Dann fiel die Insel an die Venezianer, um schließlich 1571 unter türkische Herrschaft zu kommen. Das aufstrebende 19. Jh. brachte wieder Aufstände und Freiheitskämpfe der griechischen Bevölkerung gegen ihre Machthaber. 1878 traten die Türken gegen einen jährlichen Pachtzins von 92 799 Pfund die Verwaltung Zyperns an die Briten ab. Nach dem Ersten Weltkrieg wurde Zypern endgültig britische Kronkolonie.

Der »Vater aller Zyprioten«

Er ist allgegenwärtig auf der Insel: Hauptstraßen in Dörfern und Städten sind nach ihm benannt; sein Bild hängt in Hotels, Amtsstuben, Wohnzimmern und Klöstern; Bronzestatuen zieren und verunzieren Dorfplätze und städtische Anlagen. Makarios III., als Sohn eines Bauern in → **Páno Panagiá** aufgewachsen und als Novize im Kloster Kykko erzogen, kam 1948 als Bischof von Kition (Lárnaca) nach Zypern zurück. Zwei Jahre später wurde der 37-Jährige zum Erzbischof Zyperns gewählt, wodurch er traditionell zum Ethnarchen wurde, zum Führer und Sprachrohr aller zyprischen Griechen. Damals strebten die Zyprioten nach der Unabhängigkeit von den britischen Besatzern. Ein von Makarios III. initiiertes Referendum erbrachte bei der griechischen Bevölkerung eine Mehrheit von 96 Prozent für den Anschluss an Griechenland (Enosis). Doch London blieb hart, auch als Makarios III. die Weltöffentlichkeit und die UNO mobilisierte.

1955 begann der bewaffnete Kampf unter General Gríwas; Makarios wurde auf die Seychellen deportiert, was letztlich zum Bürgerkrieg führte. Großbritannien spielte im Verlauf der Auseinandersetzungen die türkische gegen die griechische Bevölkerung aus. Der Konflikt verschärfte sich dadurch; noch heute herrschen starke Spannungen (Green Line). 1960 kam es dann zu Verträgen zwischen Briten, Griechen und Türken, ohne Beteiligung der Zyprioten. Zypern wurde ein selbstständiger Staat und Makarios III. sein erster Präsident. Makarios musste ein Abkommen unterzeichnen, das den Enosis-Gedanken, den Zusammenschluss mit Griechenland, ausschloss.

Makarios III. – Statue des berühmten Erzbischofs und ersten Präsidenten Zyperns.

Als in Athen eine Militärjunta die Macht übernahm, verlor Makarios die Unterstützung Athens. Die Junta trachtete ihm offen nach dem Leben, doch mehrere Attentate scheiterten. Griechenland wollte sich ganz offensichtlich Zypern mit der Türkei teilen. 1974 wagte die Athener Junta mit Billigung der USA den Staatsstreich. Wieder konnte Makarios sein Leben retten, diesmal mit Hilfe der Briten, die ihn von der Luftbasis → **Akrotíri** ausflogen.

Weil die Türken die Machtübernahme durch die Griechen befürchteten, landeten sie auf Zypern und besetzten 37 Prozent der Insel. Die Teilung Zyperns war vollzogen. Makarios kehrte Ende 1974 nach Zypern zurück, um die Teilung zu überwinden, doch seine Bemühungen blieben erfolglos. Nach seinem Tod (3. 8. 1977) zollten ihm seine einstigen Gegner, die Briten, großen Respekt: »Es war ein Fehler, ihn an den Maßstäben eines Geistlichen des 20. Jhs. zu messen. Er war tapfer, ausdauernd, ein Patriot und zweifellos zu bedeutend für seine kleine Insel.«

Von Küche und Keller

Es ist leicht, einen Einblick in Zyperns Küche zu bekommen, denn Tavernen bieten eine bunte Palette köstlicher Speisen an. Durch seine geographische Lage und die vielen Herren, die über Zypern herrschten, spannt sich der Bogen der Kochkunst von arabischen, griechischen, türkischen bis zu europäischen Gerichten. Am besten lernt man die zypriotische Küche im Rahmen eines **Mezé-Essens** (meze = Mischung) kennen, einer variablen Abfolge von bis zu 35 verschiedenen Gerichten quer durch den Speiseplan der Insel. Wichtig ist dabei, dass immer nur kleine Mengen frisch zubereitet serviert werden. Angefangen wird mit Salaten und Soßen. In der Regel serviert man dazu den griechischen Bauernsalat (Choriátiki), der häufig mit einer zypriotischen Spezialität, eingelegten Kapernzweigen, angereichert wird. Dazu wird schmackhafte Sesamsoße (Tachíni), Kichererbsensoße (Hoúmus) oder Fischrogen (Taramosaláta) gereicht. Dann folgen kleine Vorspeisen wie Ziegenkäse (Halloúmi), gefüllte Weinblätter (Dolmádhes), geräucherter Schinken (Loúnza) oder kleine gebratene Hackfleischbällchen (Keftédes). Zu den Hauptspeisen zählen Fisch- oder Fleischgerichte. Beliebt sind im Lehmofen geschmortes Lammfleisch (Kléftiko), Schweinefleisch in Rotwein (Afélia) oder Fleischspießchen (Kébab). Dazu reicht man Fladenbrot (Pítta) und trinkt zypriotischen Wein. Auf Zypern werden Rot-, Weiß- und Rosé-Weine von hoher Güte gekeltert. Hervorragenden Ruf genießen auch die Weine vom Kloster Chrysorroyiátissa (→ **Panagia Chrysorroglátissa**), die zu den besten der Insel gehören.

Nachspeisen sind in der Regel süß und schwer, z. B. Baklavás (Blätterteiggericht) oder Lokoumádes, in heißem Fett gebackene Teigröllchen, wie sie auch im Orient weit verbreitet sind. Ein hervorragender Dessertwein mit einem Alkoholgehalt von 15–16 % ist der → **Commandaría**, der im Mittelalter von den Johannitern kultiviert wurde und seinen Namen nach deren Ordenshaus (= Commandaria) in → **Kolóssi** erhielt. Als Abschluss genießt man den schwarzen Kaffee, den man ganz ohne Zucker (skéttos), mit ein bisschen Zucker (métrios) oder ganz süß (glykís) trinken kann.

Tipp

Vegetarische Kost

Viele Restaurants auf Zypern bieten heutzutage vegetarische Küche an. Doch ist Vorsicht geboten, es ist nicht alles Gold, was glänzt. Das griechische Wort für Vegetarier ist hortophágos, »Grasfresser«. Diese Bezeichnung spricht für sich. So werden auch vegetarische Gerichte wie Pilaw aus Buchweizen in Hühnerbrühe gekocht, und selbst Koupepia/Dolmas (Weinblätter mit einer Füllung aus Reis und Pinienkernen) enthalten zur Geschmacksanreicherung häufig Hackfleisch. Was ein richtiges zypriotisches Essen sein will, muss eben mit Fleisch zubereitet sein.

Zypriotische Naschereien

Auf allen zypriotischen Volksfesten findet man Stände, die neben gebrannten Mandeln (Mándoles), Sesamkaramel (Pastelláki) und türkischem Honig (Líso oder Lokúmi) die typische zypriotische Süßigkeit, Dschudschúko (bzw. Sudsúkos), verkaufen. Diese wurstartigen Stränge werden aus Traubensaft hergestellt. Dazu erhitzt man den *Zypriotischer* frisch gepressten Saft in großen Kesseln, entsäuert ihn mit etwas *Kaffee mit* Kalk, entschäumt und filtert ihn durch ein Tuch. Dann wird er mit *Mandeln* Mehl angedickt und gekocht, bis ein dickflüssiges Gelee (Palusés)

entsteht, das gekühlt und mit Zimt bestreut als Nachtisch gegessen wird. In dieses Gelee tunkt man Ketten mit aufgefädelten Mandeln und hängt sie in die Sonne zum Trocknen. Diesen Vorgang wiederholt man mehrmals, bis schließlich etwa 3 cm dicke, bräunliche Stränge entstanden sind. Sie werden zu etwa 30 cm langen Stücken geschnitten und in Bündeln auf den Markt gebracht. Palusés wird auf flachen Blechen getrocknet und in kleine Rhomben geschnitten. Die Geleestücke (Kioftéria) sehen wie Quittenbrot aus und werden von den Zyprioten an Winterabenden gegessen, wenn sie in dem einzigen beheizten Raum des Hauses beisammensitzen. Außerdem kochen die Frauen Traubensaft zusammen mit Blättern der Rosengeranie (Pelargonium capitatum) zu einem dickflüssigen Sirup ein (Episma); daraus macht man Limonade oder Brotaufstrich. Er wird auch mit Sesamextrakt (Tachí) zu einer dicken Paste vermischt, die man besonders in der Fastenzeit mit Brot isst.

Von schroffen Küsten hinauf zu schattigen Höhen

Wandern ist die beste Art, die Inselnatur in ihrer ganzen Vielfalt kennen zu lernen. Die teils durch die Forstverwaltung angelegten Naturlehrpfade führen durch das → **Tróodos-Gebirge** und über die → **Akámas-Halbinsel**. Ihre gut begehbaren Pfade bieten immer wieder Gelegenheit zur Rast an eingerichteten Picknickplätzen oder besonders schönen Aussichtspunkten. Sogar Trinkwasserquellen findet man immer wieder. Die ausgesprochen ostmediterrane Lage beschert der Insel viel Sonne. Niederschläge fallen im Winter. Im Frühling erscheint Zypern in voller Blütenpracht. Doch auch in den kälteren Jahreszeiten zeigt sich die Flora von ihrer besten Seite: Im Herbst tragen die rotstämmigen, rindenlosen Erdbeerbäume ihre Früchte, und schon im Winter blühen die ersten Krokusse.

Beim Wandern im Tróodos eröffnen sich dem Wanderer immer wieder neue Panoramen: Von einer Stelle reicht der Blick über die Hügelketten bis in den Süden nach → **Limassol**,

Tipp

Die Wanderregionen Zyperns

Wenigstens drei unterschiedliche Wandergebiete sind empfehlenswert:

– Die Wanderregion des Tróodos mit Ausflugsmöglichkeiten in den Páphos-Wald und nach Nicosia.

– Die Wanderregion im Süden mit den Küstenwegen, der Halbinsel Akrotíri und dem Wald von Macherás.

– Die Wanderregion im Westen mit der Halbinsel Akámas und den Ausläufern des Waldes von Páphos.

Wer Zypern erwandern will, sollte unbedingt einen Mietwagen nehmen. Da es nur wenige Buslinien gibt und keine Eisenbahn existiert, ist das Auto die beste Art, sich fortzubewegen.

von anderer über das → **Kykko-Kloster** bis zur Bucht von → **Pólis** oder über die → **Mesaória-Ebene** bis zum → **Kyrénia-Gebirge**. Im Sommer sollte man wegen der Tageshitze früh aufstehen oder in den Nachmittagsstunden starten. So bietet diese Insel dem Wanderer zu allen Jahreszeiten Ausblick und Einblick in die Welt der Mythen und der Legenden, der Gegenwart und auch der Vergangenheit, der Orchideen und der wieder aufgeforsteten Zedernbäume der Insel.

Naturlehrpfade sind vom CTO (Cyprus-Tourism-Organisation) gut ausgeschildert.

S.22/23: Ausblick aufs östliche Tróodosgebirge

1

Durch das geteilte Nicosia

Stadt mit bewegter Vergangenheit: Stadtpark – Green Line –
Ömeriye-Moschee – Erzbischöfl. Palast – Famagusta-Tor   Karte: C/D 4

○	leicht
🚶 km	4 km
🕐	1 ½ Std.
▲	↑ 0 m ↓ 0 m
☺	ja

Tourencharakter: Stadtrundgang entlang der Sehenswürdigkeiten der Altstadt des griechischen Nicosia. Wenn man die Museen besichtigt, verdreifacht sich der Zeitaufwand.
Beste Jahreszeit: Ganzjährig.
Ausgangspunkt: Stadtpark am Garden-Café-Restaurant.
Endpunkt: Famagusta-Tor.
Markierung: Keine.
Wanderkarte: Stadtplan.
Verkehrsanbindung: Über die Autobahn A 1 von Limassol oder die A 2 von Lárnaca zu erreichen. Aus dem Tróodos-Gebirge über die B 9. Busverbindungen von allen größeren Städten.
Einkehr: Im Stadtpark das Garden-Café-Restaurant, an dem die Stadtbesichtigung beginnt. Am Endpunkt der Sightseeing-Tour befinden sich viele mondäne Cafés rund um das Famagusta-Tor.
Unterkunft: Hotel Rimi*, Odos Solonos 5, CY 1011 Laïki Geitona, Tel. 02/68 01 01; Fax 02/66 08 16; E-Mail rimi@cy-link.com.cy.
Tourist-Info: Aristokyprou 11, Laïki Geitona, CY 1011 Lefkosia, Tel. 02/67 42 64.

Innerhalb der venezianischen Stadtmauern zeugen Kulturdenkmäler von der bewegten Geschichte der Stadt. Die Museen laden ein, auf 8000 Jahre zypriotische Geschichte zurückzublicken. Die Realität des heutigen Nicosia sieht man an den mit Stacheldraht versehenen Grenzübergängen an der »Green Line«.

»Eleftheria« – die personifizierte Freiheit

Der Wegverlauf

Ausgangspunkt des Stadtbummels ist der **Stadtpark**, eine der vielen Grünanlagen Nicosias. Seine zentrale Lage direkt vor der alten Stadtmauer am **Páphos-Tor** macht ihn zu einer Oase, gerade in den heißen Sonnenstunden des Tages. Gegenüber liegt das Nationalmuseum mit seiner Ausstellung zum nahezu zehntausendjährigen Kulturerbe der Insel. Um in die Altstadt zu gelangen, durchschreiten wir das Páphos-Tor und biegen unmittelbar rechts in die Riganis Leof Kostaki Pantelidi ein. Die Straße verläuft

bogenförmig an der Innenseite der alten **venezianischen Stadtmauer** entlang. Vorbei am Busbahnhof erreicht man das Rathaus rechter Hand und das auf der anderen Straßenseite in der Fußgängerzone liegende **Levantis-Museum**, das Zeugnis über die Stadtgeschichte ablegt.

Weiter führt der Weg durch die Einkaufsstraße **Lidras Street**, eine Fußgängerzone, die nach Norden in die Altstadt hineingeht und abrupt an den Betonbarrieren der »**Green Line**« endet, einem Symbol für die Teilung Nicosias und ganz Zyperns. Wir gehen die Lidras Street ein wenig zurück und erreichen über die Nikoleous Street die **Agia Faneromeni**, Grabstätte der Bischöfe, die 1821 vom osmanischen Gouverneur Zyperns hingerichtet wurden. Nun biegt man rechts in die Trikoupi Street ein und steht vor der beachtlichen **Ömeriye-Moschee** aus dem 14. Jh. Vom Balkon des Minaretts aus hat man einen guten Überblick über Nicosia.

Über die Patriarchou Grigoriou Street gelangen wir dann zum Herzen der Stadt: zum **Erzbischöflichen Palast** mit der überlebensgroßen Statue von Makarios III., dem Freiheitskämpfer und späteren Präsidenten der Inselrepublik. Direkt anschließend liegen rechts (der Reihenfolge nach) die **Agios Ioannis**, das **Volkskundemuseum**, das **Museum des nationalen Kampfes** und das **Museum für byzantinische Kunst**. Drehen wir uns beim Betrachten der **Makarios-Statue**, die links auf dem Vorplatz des Palastes steht, um, sehen wir durch eine Stichstraße direkt auf das Freiheitsdenkmal, in Erinnerung an den Kampf gegen die Kolonialmacht errichtet. Von hier ist es nicht mehr weit zum **Famagusta-Tor**, einem beliebten Treffpunkt, wovon die benachbarten Cafés und Restaurants zeugen.

Makarios III. war Sohn eines Bauern. 1948 kam er nach dem Theologiestudium in Athen als Bischof und späterer Erzbischof nach Zypern zurück.

2 Von Politikó zum Kloster Macherás

Durch ein Tal im Rausch der Blüten: Kloster Ágios Iraklídios –
Wegweiser Lazania – Kloster Macherás   Karte: C4

anspr.

14 km

4 ¼ Std.

↑ 500 m
↓ 500 m

Tourencharakter: Wegen seiner Länge und einiger Steigungen eine eher anspruchsvolle Wanderung. Die Wegführung ist nicht immer ganz deutlich, besonders dort, wo der Weg durch die Macchie-Landschaft führt. Ansonsten werden gut begehbare Forstwege benützt, und am Schluss ist ein kurzes Stück Asphaltstraße zu gehen.
Beste Jahreszeit: Vom Frühling bis in den Frühsommer, da die Vegetation sich in voller Blüte präsentiert. Bevorzugte Monate Mai bis Juni, wegen der Lavendelblüte.
Ausgangsort: Kloster Ágios Iraklídios.
Endpunkt: Kloster Macherás.

Wanderkarte: Keine.
Markierung: Keine.
Verkehrsanbindung: Keine Busverbindung. Mit dem Mietwagen oder Taxi von Nicosia kommend über die E 902, vom Süden von Lárnaca auf der A 2 bis zur Abfahrt 6 weiter über Tseri und Páno Deftera nach Politikó.
Einkehr: In Politikó oder in der Taverne des Klosters Macherás.
Unterkunft: Nicosia, Hotel Rimi*, Odos Solonos 5, CY 1011 Laïki Geitona, Tel. 02/68 01 01; Fax 02/66 08 16; E-Mail rimi@cylink.com.cy.
Tourist-Info: Nächste in Lárnaca oder Nicosia.

Die Wanderung zwischen den zwei Klöstern ist besonders reizvoll in der Zeit der Blüte von Zistrosen und Lavendel. Dann zeigt sich, dass die ansonsten karge Macchie ganze Täler in ein Blüten- und Farbenmeer tauchen kann. Der Duft von ätherischen Ölen durchstreift die Täler, ein Rausch für die Sinne.

Der Wegverlauf

Nachdem wir das Nonnenkloster → **Ágios Iraklídios** besichtigt haben, folgen wir der Teerstraße zurück in das Dorf **Politikó**. Dort folgt man der Ausschilderung »**Macherás 17 km**« und der schmalen As-

*Warme Nach-
mittagssonne*

2

Fürstliche Auftraggeber

Ganz in der Nähe des Dorfes Politikó wurden zwei Grabanlagen aus dem 7. Jh. freigelegt, die Königsgräber von → **Tamassós**. Durch Kupfer reich geworden, fand die Stadt Temesa Erwähnung in der Homerschen Odyssee. 1970 begannen Archäologen aus Gießen mit der systematischen Ausgrabung. Bei der Anfahrt sollte man Acht geben auf die auffälligen seltsamen Tafelberge, Relikte des antiken Kupferabbaus.

phaltstraße, die aus dem Ort herausführt. Bald befindet man sich oberhalb einer kleinen Schlucht und passiert später eine **Kiesgrube** (50 Min.).

Die Wanderung führt uns nun durch weite Felder; und in der Ferne erblicken wir das → **Tróodos-Gebirge**. Später stößt man auf eine Weggabelung mit dem Hinweisschild »**Lazaniá 11 km**«

Begleitet vom Duft der Zistrosen und des Lavendels wandern wir im Angesicht des Tróodos-Gebirges.

(1:15 Std.), dem man folgt. Bei der ersten Abzweigung biegen wir nach links ab, wo der Weg sich in einen kleinen Feldweg verwandelt, der durch eine unberührte, herrlich duftende Landschaft mit Zistrosen- und Thymianbewuchs führt. An einem kleinen **weißen Haus** (1:50 Std.) müssen wir Acht geben, um das 50 m später erscheinende **Steinmännchen** nicht zu übersehen. Hier beginnt linker Hand ein unscheinbarer, kaum erkennbarer Pfad durch eine wildromantische Macchie-Landschaft mit Schopflavendelbüschen. Man geht hinab in eine Schlucht und durchquert den kristallklaren **Bach** (3 Std.), der nicht immer Wasser führt. Auf der anderen Talseite wandert man auf dem langsam ansteigenden Pfad durch lichten Kiefernwald. Das Kloster Macherás taucht nun in der Ferne auf. Unser Weg mündet schließlich in einen etwas höher gelegenen Forstweg (3:45 Std.).

Nun geht man hinauf zum Kloster und passiert dabei das ehemalige Versteck des zypriotischen Freiheitskämpfers Yeóryios Afxentíou. Neben dem → **Moni tis panagias tou Macherás** (4:15 Std.) steht die Monumentalstatue des Nationalhelden.

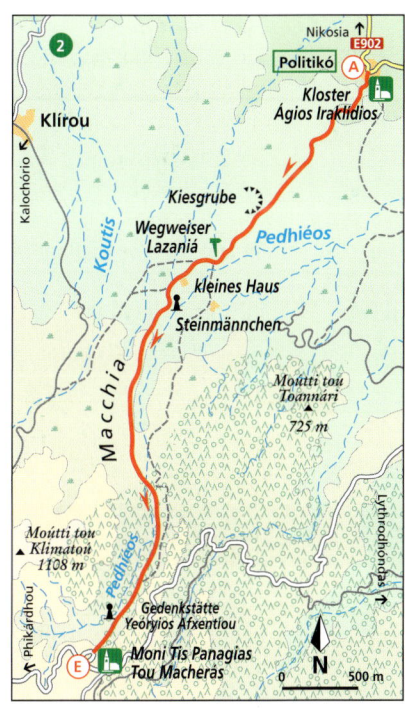

3 Zum venezianischen Erbe von Kíti

Ein Wachturm als Relikt vergangener Herrschaft: Kíti – Venezianischer
Wachturm – Perivólia Fáros (Leuchtturm) – Kíti   Karte: B 5

leicht

12 km

3 ¼ Std.

↑ 50 m
↓ 50 m

ja

Tourencharakter: Rundwanderung auf breiten Feldwegen durch Agrarland zum venezianischen Wachturm, danach über den Kiesstrand mit guten Bademöglichkeiten zur Ortschaft Perivólia. Rückkehr über den Ort Perivólia mit seinen interessanten Tavernen auf asphaltierten Nebenstraßen nach Kíti.
Beste Jahreszeit: Frühjahr, da die Landschaft noch grün ist. Im Sommer starke Sonneneinstrahlung, dafür aber eine Vielzahl Bademöglichkeiten.
Ausgangsort: Kíti, 14 km südöstlich von Lárnaca.

Endpunkt: Kíti.
Wanderkarte: Keine.
Markierung: Keine.
Einkehr: In Perivólia in der »Tavern Pygros« im Zentrum mit guter zypriotischer Küche.
Unterkunft: Touristen-Apartments in Perivólia, reiches Hotelangebot in Lárnaca.
Verkehrsanbindung: Mit dem Taxi oder Mietwagen. Busverbindung von Lárnaca (Nr. 6–7) zu jeder vollen Stunde vom Lazarus Square und zurück.
Tourist-Info: Nächste in Lárnaca.

Im 15. und 16. Jh. stand Zypern unter venezianischer Herrschaft. Relikte aus dieser Zeit sind jedoch rar geworden und nur wenige Bauwerke wie Brücken und Wachtürme erinnern an diese Zeit. Auf einem kleinen Hügel am Kap Kíti steht ein Wachturm, von dem aus die Küste gut überblickt werden konnte.

Der Wegverlauf

In → **Kíti** parken wir das Auto hinter dem Verkehrsschild mit dem Hinweis auf das »**Lighthouse**«. Wir folgen dann nicht rechts der Ausschilderung zum Leuchtturm, sondern halten uns links davon. Auf ei-

ner Teerstraße verlassen wir den Ort. In einer Rechtskurve beginnt linker Hand ein breiter Landwirtschaftsweg, in den wir einbiegen. In der Ferne erkennt man schon den **venezianischen Wachturm**. Der geradeaus verlaufende Wirtschaftsweg führt zwischen Gemüsefeldern hindurch, bis er auf eine Teerstraße stößt (1 km). Leicht nach links versetzt setzt sich der Weg fort, bis er nach un-

3

gefähr 800 Metern T-förmig endet. An diesem Punkt biegen wir links ein und folgen dem Weg bis zur ersten Abzweigung nach rechts. Weiter durch fruchtbare Felder gehend erreicht man den **Wachturm** aus dem 15. Jh. Vom Turm aus gehen wir links hinunter zum Meer. Der Feldweg überquert dabei eine Asphaltstraße; wir folgen einer Häuserzeile eines Neubaugebietes bis hinunter an den Strand. Hier geht die alte Küstenstraße (Staubstraße) am Kiesstrand entlang. Im Norden erkennt man die Stadt → **Lárnaca**. Wir halten uns rechts in Richtung des Feriendorfes **Faros Village** (1:20 Std.). Der Weg endet an der Ummauerung des Faros Village Beach Hotel; der Asphaltweg folgt der Mauer in den Ort.

Im Ort steht linker Hand der kleine **Leuchtturm** über den Klippen. Dort suchen wir uns einen Weg an den Strand und folgen ihm entlang der Apartmentanlagen nach Osten. Nach gut 45 Min. Fußmarsch passiert man vier Häuser, deren letztes blaue Türen und Fensterrahmen hat. Links neben dem Haus biegen wir in einen Sandweg ein, der kurz darauf eine Rechts-Links-Kurve macht und direkt auf den Ort **Perivólia** zugeht. Aus der Ferne erkennt man schon die zwei charakteristischen Kirchen, die mittelalterliche Kirche **Ágios Leóndios** mit ihrem hübschen Friedhof und die Hauptkirche **Ágia Iríni**.

Perivólia betreten wir auf der Höhe von Áyios Leóndios und folgen rechts der Straße in das Zentrum des Ortes mit seinen typischen Tavernen um die Hauptkirche. Zu unserem Ausgangspunkt **Kíti** gelangen wir auf der Asphaltstraße, die den Ort nach Osten verlässt und bei dem Wegweiser zum »**Lighthouse**« endet.

*In Kíti lohnt die Besichtigung der Kirche **Panagiá Angeloktistos** (Unsere liebe Frau) mit einem Mosaik aus dem 6. Jh.*

Wachturm bei Kíti aus dem 15. Jh.

4 Auf den Berg des Kreuzes Stavrovoúni

Spurensuche nach Kreuzigungsreliquien: Kapelle Pyrgá – Ágía Varvára – Wegweiser Spitoúdhia – Stavrovoúni   Karte: B/C 5

 anspr.

 9 km

 2 ½ Std.

 ↑ 500 m ↓ 100 m

Tourencharakter: Weg hinauf zum ältesten und strengsten Kloster der Insel mit einem Höhenunterschied von ca. 500 m zum Ausgangspunkt. Nach breiten Feldwegen erfolgt ein steiler Aufstieg durch niedrige, teilweise stachelige Vegetation mit weiter Sicht über die Region. Rest der Distanz zum Kloster ungefähr 1 km Teerstraße. Als Variante bietet sich ein Rundweg an: vom Kloster Ágía Varvára nach Stavrovoúni und zurück.
Beste Jahreszeit: Frühling, da die Vegetation sich in voller Blüte präsentiert.
Ausgangsort: Pyrgá 23 km nordöstlich von Lárnaca.

Endpunkt: Das Kloster Stavrovoúni.
Wanderkarte: Keine.
Markierung: Keine.
Verkehrsanbindung: Keine Busverbindung nach Pyrgá. Anfahrt mit dem Mietwagen oder Taxi, zur Abholung vom Kloster das Taxi am besten im Voraus bestellen. Bei der Variante kann der Wagen beim Kloster Ágía Varvára geparkt werden.
Einkehr: Nur am Ausgangsort Pyrgá, im Kloster Ágía Varvára gibt es Trinkwasser.
Unterkunft: Hotels in Lárnaca.
Tourist-Info: Nächste in Lárnaca.

Als die hl. Helena, aus dem gelobten Land kommend, durch einen schweren Sturm gezwungen war, auf Zypern zu landen, wurden ihr eines Nachts die mitgebrachten Kreuzigungsreliquien gestohlen. Auf einem Berg fand sie die Reliquien in Flammen gehüllt, doch unversehrt. Dieses Wunder führte zur Gründung des Klosters.

Der Wegverlauf

Ausgangspunkt ist die **königliche Kapelle** in **Pyrgá**. Wir passieren die Kirche rechter Hand auf der Hauptstraße und biegen nach etwa

Wie eine Festung thront das Kloster Stavrovoúni auf fast 700 Metern.

150 m in einer S-Kurve rechts in ein Sträßchen ein. Orientierungspunkt ist ein weißes Haus mit Loggia und Reklameschildern. Nach ungefähr 400 m Fußmarsch erreicht man eine Kreuzung, wo man leicht nach links versetzt weitergeht. Nun wandern wir durch eine typische mediterrane Landschaft mit Zistrosen und Lavendelsträuchern. Bei der nächsten Weggabelung halten wir uns wieder links und erreichen bald eine T-förmige Wegmündung. Nochmals orientieren wir uns links und biegen in einen sich leicht auf und ab schlängelnden Weg ein, der in eine Staubstraße (30 Min.) mündet. Wir wenden uns auf dieser nach rechts und erklimmen langsam eine Kuppe. Beim Hinabgehen eröffnet sich eine

herrliche Sicht auf das → **Kloster Stavrovoúni**. Unterwegs passiert man zwei Villen mit Swimmingpools. Der Weg endet in einer Schotterstraße.

Rechts weiter gehend, vorbei an einem **Steinbruch** erreicht man nach gut 1 1/2 km die Teerstraße, die zum Kloster führt. Vorbei an einem Militärlager gehen wir nach links und erreichen nach etwa 1:30 Std. das **Kloster Ágía Varvára**. Hier lebt der Mönch Kallínikos, ein Ikonenmaler, dem man auch bei der Arbeit über die Schulter schauen darf. Bei Kallínikos (Startpunkt der Variante) gehen wir rechts wieder zur Teerstraße hinauf. Wir folgen ihr ein kurzes Stück, bis wir rechts einen grünen Wegweiser nach **Spitoúdhia** sehen. Links auf einem steil abwärts führenden Forstweg geht man auf eine Pumpstation zu. 100 m weiter achten wir auf einen kleinen **Steinturm** am rechten Wegrand. Hier beginnt der steile Aufstieg zum Kloster (Wasserleitung als Orientierung). Der Weg ist durch stachelige Sträucher teilweise beschwerlich, bietet aber herrliche Aussichten auf die Ausläufer des → **Tróodos-Gebirges** und das Kloster. 1 km vor dem Ziel erreicht man die Teerstraße zum Kloster.

Als Rundweg nimmt man den gleichen Wegverlauf oder geht entlang der Zufahrtsstraße bergab zum Kloster Ágía Varvára.

Wenn auch der Weg hinauf zum Kloster mühsam ist, die Aussicht entschädigt für die Anstrengung.

5 Von Léfkara nach Ágios Minás

Stickereien und Ikonenmalereien: Volkskundemuseum Páno Léfkara – Schulgebäude Káto Drýs – Kloster Ágios Minás   Karte: B 4

 leicht

 8 km

 2 Std.

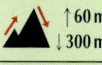 ↑ 60 m ↓ 300 m

 ja

Tourencharakter: Weg hinab zum Nonnenkloster (360 m); nur am Beginn der Wanderung leichter Anstieg von etwa 60 Hm. Der Ausgangsort Páno Léfkara liegt auf 600 m über dem Meeresspiegel. Die Wege sind gut begehbare Wirtschaftswege und ein kurzes Stück Teerstraße.
Beste Jahreszeit: Frühling, da die Vegetation sich in voller Blüte präsentiert.
Ausgangsort: Páno Léfkara.
Endpunkt: Das Kloster Ágios Minás.
Wanderkarte: Keine.

Markierung: Keine.
Verkehrsanbindung: Keine Busverbindung nach Páno Léfkara. Anfahrt mit dem Mietwagen oder Taxi, zur Abholung vom Kloster das Taxi am besten im Voraus bestellen.
Einkehr: Am Ausgangsort Páno Léfkara und in Káto Drýs; im Nonnenkloster Ágios Minás gibt es Trinkwasser.
Unterkunft: Tochni, Socrates House, Traditional House, CY 7740, Tel. 04/33 36 36, Fax 04/33 25 36.
Tourist-Info: Nächste in Lárnaca.

Die Hohlsaumstickerei hat den Ort Páno Léfkara weit über die Grenzen Zyperns bekannt gemacht. Der Name des Ortes hat auch den Stickereien ihren Namen gegeben – Lefkarítika. Die Kunst, die man in Ágios Minás pflegt, ist weniger weltlich – die Ikonenmalerei.

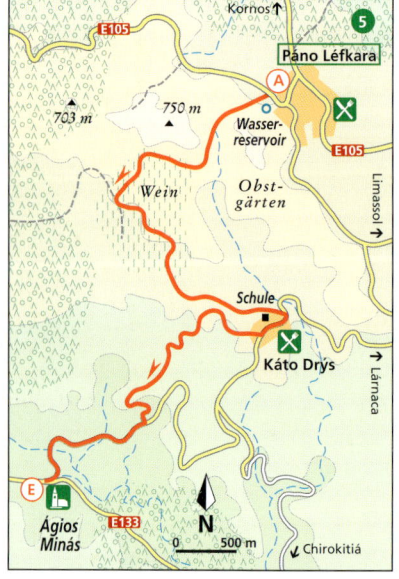

Der Wegverlauf

Gegenüber der Abzweigung zum Volkskundemuseum in **Páno → Léfkara** zweigt bei einem Leitungsmast ein Feldweg bergauf ab. Diesem folgt man, vorbei an einem runden, betonierten Wasserreservoir, bis auf einen Bergsattel hinauf. Von dort geht es zunächst bergab, dann verläuft der Weg leicht wellig auf und ab, und man blickt auf eine weite Obst- und Weinlandschaft, die an manchen Stellen von wilder Phrygana (Garrigue) unterbrochen wird.

In einer kleinen Senke trifft der Weg auf einen anderen (45 Min.). Dort biegt man links ab, um nach 400 m wieder links einzuschwenken. Im Hintergrund erkennt man bald das al-

Tipp

Neolithische Siedlungen

Auf dem Rückweg an die Küste lohnt ein Abstecher zu den »ersten sesshaften Zyprioten«. Die Ausgrabungsstätte von → **Chirokitía** zeigt Fundamente einer Besiedlung aus dem 6. Jahrtausend v. Chr., somit gehören diese Spuren aus der Neusteinzeit zu den ältesten Zyperns.

5

te Dorf Káto Drýs. Man folgt dem dominierenden Weg bis in das Dorf hinunter, vorbei am alten Schulgebäude. In **Káto Drýs** biegt man rechts in die Asphaltstraße ein und geht auf ihr bis zum Dorfende. Dabei kann man häufig den alten Frauen, vor den weiß getünchten Häusern sitzend, beim Fertigen der Stickereien zuschauen. Dort, wo die Dorfstraße eine scharfe Linkskurve beschreibt, verlässt man sie, geht geradeaus weiter und kommt auf dem Weg ins Tal. Im Hintergrund erkennt man die grünen, bewaldeten Berghänge des → **Tróodosmassivs** und das Kloster Ágios Minás.

Man bleibt auf dem dominierenden Weg, der durch bewirtschaftete Felder führt, und hält sich bei einer Gabelung links (1:30 Std.). In einem Bogen führt der Weg auf die Teerstraße Richtung Kloster. Auf sie biegt man nach rechts ein und erreicht nach 1 km das Kloster **Ágios Minás** (2 Std.). Das Kloster wurde im 15. Jh. gegründet. Das heutige Erscheinungsbild geht auf das 18. Jh. zurück, ebenso wie die schöne holzgeschnitzte Ikonostase, deren Hauptikone das Bild des hl. Minás ist. Der ägyptische Heilige war Soldat der römischen Armee und bekannte sich zum christlichen Glauben, weshalb er unter Diokletian hingerichtet wurde. Bekannt ist das Kloster heutzutage besonders wegen der Ikonenmalerei seiner Nonnen.

Mit etwas Glück kann man sich im Kloster Ágios Minás eine Ikone malen lassen.

6

Der Küstenweg zur Governor's Beach

Die Kalksteinklippen entlang: Kloster Ágios Geórgios Alamános – Strand –
Governor's Beach – Kloster Ágios Geórgios   Karte: B 4

 leicht

 12 km

 3 ½ Std.

 ↑ 50 m ↓ 50 m

☺ ja

Tourencharakter: Die Wanderung gehört zu den leichteren, dennoch bietet sie alles, was von einer Küstenwanderung verlangt wird. Da man sie auch gut als Einwegwanderung gehen kann, braucht man sich nicht zu beeilen. Falls das Meer oder die Tavernen an der Governor's Beach einen gefangen nehmen, kann man leicht ein Taxi ordern.
Beste Jahreszeit: Das ganze Jahr über. Da es aber mehrere Bademöglichkeiten gibt, ist der Sommer zu bevorzugen. Dabei muss man zwar mit starker Sonneneinstrahlung rechnen, kann sich jedoch gut im Meer abkühlen.
Ausgangspunkt: Kloster Ágios Geórgios Alamános.
Endpunkt: Kloster Ágios Geórgios Alamános.

Wanderkarte: Keine.
Markierungen: Keine.
Verkehrsanbindung: Es gibt im Sommer eine Verbindung mit öffentlichen Verkehrsmitteln: einen Bus, der vom Continental Hotel in Limassol mit weiteren Hotelstopps zur Governor's Beach fährt. Mit dem Mietwagen oder Taxi über die A 1, die man an der Abfahrt Ágios Geórgios Alamános verlässt. Die schönere Route ist über die alte Küstenstraße, die man an der gleichen Ausfahrt verlässt.
Einkehr: Am Strand von Governor's Beach gibt es mehrere Tavernen.
Unterkunft: In Limassol gibt es ein großes Angebot an Strandhotels.
Tourist-Info: Limassol, Spyrou Araouzou Str. 15, Tel. 05/36 27 56.

Weiß-gelb blühende Kronen-Wucherblumen und roter Mohn
Der Weg zum Kap Dólos ist eine Sommerwanderung, die alles bietet, was das Herz begehrt und den Zypernurlaub ausmacht. Kultur, Sonne, Strand, Meer, Baden und gutes Essen. Zur Verdauung bewegt man sich zu guter Letzt noch entlang der Felsküste mit Ausblicken auf das tiefblaue Meer.

Der Wegverlauf

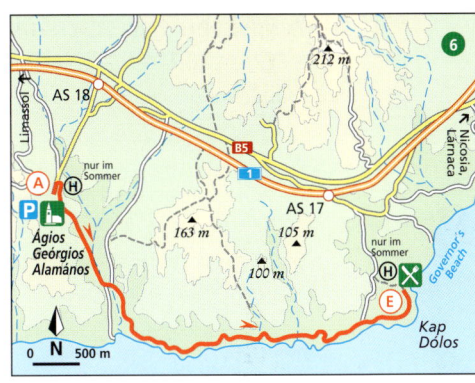

Vor dem Parkplatz des Klosters biegt links ein Weg ein, der zum Strand hinunter führt. Doch vorher sollte man dem **Kloster Ágios Geórgios Alamános** einen Besuch abstatten. Die Gründung der Anlage geht zwar auf das 12. Jh. zurück, doch die Bauten stammen aus den 50er Jahren und wurden unter Makarios III. erbaut. Das zweigeschossige, weiß blau gekalkte Kloster spiegelt das Sonnenlicht blendend wider. In der Mitte finden wir in dem Innenhof die Klosterkirche. Nach der Teilung Zyperns fand hier einer der drei berühmten ikonenmalenden Mönche aus dem Barnabas-Kloster in Famagusta ein neues Heim. In einem Zimmer beim Eingang malt er seine Ikonen und bietet sie zum Verkauf an. Er isst, schläft und wohnt in ein und demselben Raum.

Nach der Klosterbesichtigung gehen wir zurück zur Abzweigung und wenden uns nach rechts. Nachdem man ein Bachbett durchquert hat, das fast nie Wasser führt, folgt man dem Feldweg Richtung Strand. Schon nach kurzer Zeit schwenkt er links nach Osten und verläuft nun entlang der Küstenlinie. Wir gönnen uns aber einen kurzen Abstecher zum **Kieselstrand** (30 Min.), wo sich eine Art Café befindet, das in der Hochsaison geöffnet hat. Man sollte ruhig ein Stück am Strand gehen. Links taucht dann ein Weg zum schon erwähnten felsigen Küstenweg auf. Auf diesem nähern wir uns dann dem Ziel der Wanderung, **Governor's Beach** (1:45 Std.), mit grauem Sandstrand und mehreren Tavernen. Wer noch nicht gebadet hat, sollte jetzt die Gelegenheit ergreifen, sich abzukühlen.

Auf dem Rückweg passiert man wieder das **Kap Dólos** und die vielen bizarren Felsformationen, die schon auf dem Hinweg unsere Phantasie angeregt haben. Sollte einem jedoch das Wandern nach dem zu reichhaltigen Essen schwer fallen, kann man getrost seiner Mittagsmüdigkeit nachgeben und in Governor's Beach ein Taxi bestellen.

Wenn es heiß ist, sollte das nicht so sehr stören, denn schließlich warten Badefreuden auf den Wanderer.

7 Am Salzsee von Akrotíri

Bedrohtes Paradies auf der Halbinsel: Forest Nursery Phassoúri – Eukalyptuswald – Lady's Mile Beach – Phassoúri Karte: A/B 3

 leicht

 14 km

 3 Std.

 ↑ 0 m ↓ 0 m

 ja

Tourencharakter: Die leichte Wanderung ist nur auf die Winterzeit und den Frühling zugeschnitten. Weniger Vogelinteressierte können vor dem Beginn der Wanderung zum See gehen, um zu sehen, ob es sich für sie lohnt. Unabdingbar sind ein gutes Fernglas und Objektive mit großer Brennweite. Da die Vögel besonders morgens und abends aktiv sind, sollte man dies bei der Wanderung berücksichtigen.
Beste Jahreszeit: Vom Herbst bis zum Frühjahr; dann finden sich hier die Zugvögel und Wintergäste ein.
Ausgangspunkt: Forest Nursery Phassoúri.
Endpunkt: Forest Nursery Phassoúri.
Wanderkarte: Keine.
Markierungen: Keine.

Verkehrsanbindung: Keine Busverbindung zum Ausgangspunkt der Wanderung. Mit Mietwagen oder Taxi von Limassol über die Franklin Roosevelt Avenue nach Süden, vorbei am Hafen. Dann fährt man durch den »Baumtunnel« nach Asomatos und biegt bei den Phassoúri Plantations nach links Richtung Akrotíri ab. Bei dem Forest Nursery Phassoúri kann man vor den Gebäuden parken.
Einkehr: Am Lady's Mile Beach gibt es mehrere verschiedene kioskartige Tavernen.
Unterkunft: In Limassol reiches Hotelangebot.
Tourist-Info: Limassol, Spyrou Araouzou Str. 15, Tel. 05/36 27 56.

Regen im Winter ermöglicht das Überleben in einem besonderen Lebensraum – dem Salzsee von Akrotíri. Bis zum Frühjahr füllt sich das Becken des Sees mit Wasser, und viele Wasser- und Singvögel geben sich hier ein Stelldichein. Doch der immer häufiger ausbleibende Regen drängt vor allem die Flamingopopulation zurück.

Wer im Winter an den Salzsee kommt, kann die Flamingos bewundern, die hier überwintern.

Der Wegverlauf

Von der Forschungsstation für Zitrusfrüchte, der **Forest Nursery Phassoúri**, folgt man einem Forstweg durch Schatten spendende Eukalyp-

Balz der Flamingos

tusbäume hindurch und erreicht nach ein paar hundert Metern den Schilfgürtel des Salzsees. Stets an der Schilfkante geht der Weg weiter. Linkerhand werden wir von dichten Eukalyptusbäumen und Mimosen begleitet. Da der Schilfgürtel stellenweise recht breit wird, sollte man die Stichwege, die nach rechts zum See führen, hineingehen. Das Schilf ist Lebensraum unzähliger Vögel wie z. B. Rohrdommeln, Mönchsgrasmücken, Blesshühner und Halsbandfrankolinen.

Der **Salzsee** hingegen ist die Heimat von Stelzvögeln wie Kiebitzen, Strandläufern oder Reihern. Besonderer Wintergast ist der **Flamingo**, der das maximal 1 m tiefe Wasser nach kleinen Krebsen durchseiht. Für Ornithologen ist der See ein Paradies, um dessen Bewahrung sich die Cyprus Ornithological Society kümmert.

Der Uferweg endet an einer Teerstraße (1:15 Std.), die nach rechts zum lang gezogenen Sandstrand **Lady's Mile Beach** führt, dem Badestrand der → **Halbinsel Akrotíri**. Für Mutige eine Gelegenheit, ins doch recht kalte Wasser zu springen. Seiner wenig attraktiven Lage zwischen dem Hafen von → **Limassol** und der britischen Airbase hat der Strand es zu verdanken, dass ihn noch keine Hotels zupflastern.

Für den Rückweg benutzt man anfänglich die gleiche Teerstraße und den jetzt nach links abknickenden Forstweg. Nach einiger Zeit biegt ein anderer Wirtschaftsweg nach rechts ab (2:15 Std.). Parallel zum Schilfweg wandern wir nun durch den **Eukalyptuswald**. Man passiert riesige Zitrusplantagen und Verpackungshallen, bevor man nahe bei der **Forest Nursery Phassoúri** wieder auf den Weg stößt, den man zu Beginn der Wanderung benutzt hat (3 Std.). Hier biegt man rechts ein und hat nach wenigen Minuten den **Endpunkt** erreicht.

8 Im Ausgrabungsbezirk von Koúrion

Zwischen Mythos und Archäologie: Theater von Koúrion – Haus
des Eustólios – Akrópolis-Bezirk – Basilika   Karte: B 3

	leicht
	2 km
	2 Std.
	↑ 50 m ↓ 50 m
☺	ja

Tourencharakter: Besichtigungstour durch die Ruinenstätten einer griechisch-römischen Siedlung mit einem weiten Blick über die Küste und das Meer. Keine Ansprüche an Kondition oder Orientierungssinn.
Beste Jahreszeit: Das ganze Jahr; im Sommer starke Sonneneinstrahlung, daher besser die Morgen- oder Nachmittagsstunden wählen.
Ausgangspunkt: Kassenhäuschen.
Endpunkt: Kassenhäuschen.
Wanderkarte: Keine.

Markierung: Deutlich sichtbare Wegführung auf dem Ausgrabungsgelände.
Verkehrsverbindung: Taxi oder Mietwagen zum Ausgangspunkt. In der Hochsaison von Mai bis September gibt es eine regelmäßige Busverbindung von Limassol nach Koúrion und zurück.
Einkehr: Auf dem Gelände keine; am Strand von Koúrion Richtung Akrotíri liegen mehrere Tavernen.
Unterkunft: Stadthotel in Limassol oder im näher gelegenen Episkopi.
Tourist-Info: Informationsmaterial am Eingang zur Anlage.

Theater von Koúrion

365 bedeutete ein Erdbeben das Ende einer blühenden Stadt, die 17 Jahrhunderte lang einen stetigen Aufstieg erlebt hatte. Von griechischen Siedlern gegründet, erlebte Koúrion (Curium) unter den Römern seine Blütezeit. Es entstanden Häuser, Tempel, Sportstätten und eine frühchristliche Basilika.

Der Wegverlauf

Nach dem Durchschreiten des Eingangs zu den Ausgrabungsstätten des antiken Stadtareals von Koúrion folgt man der asphaltierten Straße hinauf zum **Theater von Koúrion**. Vor allem in den Spätnachmittagsstunden gehört der Besuch des Theaters zu den ganz besonderen Ereignissen einer Zypernreise. Zum Greifen nahe und doch so fern liegen das türkisblaue Meer und die fruchtbare Landschaft, dazu die laue Luft mit dem würzigen Duft der von Macchie bewachsenen Hänge. In der Antike war den Zuschauern dieser Blick nicht vergönnt, da sie auf ein zweigeschossiges Bühnenhaus (Skene) blickten. Das Theater stammt aus dem

8

2. Jh. n. Chr. und hatte einen kleineren hellenistischen Vorgänger, der später überbaut worden war und 3500 Menschen Platz bot. Zeitweilig war es sogar zu einer Kampfarena umgebaut worden, damit hier Gladiatoren- und Tierkämpfe stattfinden konnten, doch entfernte man die Umbauten gegen Ende des 3. Jhs.

Nachdem man noch einmal den weiten Blick von den Zuschauerrängen bis nach → **Akrotíri** genossen hat, wendet man sich dem in direkter Nachbarschaft gelegenen **Haus des Eustólios** zu. Der im Westen gelegene Eingangsraum des Hauses ist mit einem geometrischen Mosaik und der Inschrift »Tritt ein … Glück für das Haus« versehen.

Sein Erbauer Eustólios, namentlich in einer Mosaikinschrift erwähnt, gab dem palastartigen Atriumhaus aus dem 1. Jh. v. Chr. seinen heutigen Namen. Der ehemals von Säulen umgebene Innenhof (Peristylhof) lag unter freiem Himmel und hatte in seiner Mitte ein Wasserbecken. Im Norden des Komplexes lagen die Badeanlagen, de-

»Ktisis« – die personifizierte Schöpfung

ren Wasserbecken mit Mosaiken geschmückt sind. Der große zentrale Raum zeigt die Darstellung der Ktísis, des personifizierten schöpferischen Geistes, die das Maß eines römischen Fußes in der Hand hält. Das den Innenhof umgebende Peristyl (Säulengang) hat einen herrlichen, mit Mosaiken geschmückten Fußboden. Hier finden sich die Inschriften, die den Bauherrn benennen, und eine, die sich vor einem Mosaikfeld mit christlichen Tiermotiven befindet: »Anstelle großer Steine und soliden Eisens, glänzender Bronze und Diamanten ist dieses Haus umgürtet von den viel verehrten Symbolen Christi.« Unter den Tiermotiven findet sich zweimal der Fisch, der in frühchristlicher Zeit als Christussymbol galt.

Der Ausblick in die Ferne und über das Meer ist von den Ausgrabungsstätten besonders intensiv.

Vom Haus des Eustólios aus folgt man nun dem Teersträßchen hinauf zum antiken **Akrópolis-Bezirk**. Das große, rechter Hand liegende Ausgrabungsareal, in dem noch gegraben wird, zeigt eine Stoa (Säulenhalle) mit monolithischen Säulen und korinthischen Kapitellen aus dem 3. Jh. n. Chr. Vermutlich lag hier das römische Forum, das den Mittelpunkt der antiken Stadt bildete. Daneben sind Mauern hellenistischer Gebäude, deren Verwendungszweck noch nicht geklärt

8

Zeugnisse von Jahrtausenden der Besiedlung und Kultur begleiten uns auf dem Weg durch die Ruinenstätten.

ist, und römischer Wohnhäuser zu erkennen. Ein Nymphaeum bildete den Wasserspeicher der Stadt Koúrion, und riesige Hypokausten (Bodenheizanlagen) lassen annehmen, dass es im Bereich des Forums öffentliche Bäder gab. In dem Wohnhaus einer reichen römischen Familie des 3. Jhs. n. Chr. sind figürlich geschmückte Mosaiken zu sehen. Dargestellt sind zwei Gladiatoren mit stumpfen Schwertern beim Übungskampf. Ein zweites Mosaik zeigt einen bewaffneten Kämpfer, der mit einem gebogenen Dolch in der Hand auf Gegner losgeht. Eine dritte unbewaffnete Figur versucht, den Angreifer zu

Heiligtum des Apollon Hylátes

beruhigen. Nahe der Autostraße Richtung Páphos erkennt man Reste eines weiteren römischen Gebäudes, darunter ein Mosaik, das den Mythos erzählt, in dem Achilles von Odysseus unter den Töchtern des Königs von Skyros entdeckt wird.

Gegenüber dieses Ausgrabungsbezirkes liegt die frühchristliche **Basilika** des 5. Jhs., die ein Zeugnis dafür ist, dass Koúrion nach dem großen Erdbeben von 365 wieder bewohnt wurde. Deutlich erkennt man die Grundmauern einer dreischiffigen Anlage mit einer im Osten gelegenen halbrunden Apsis. Eine Chorschranke trennte den Altarraum vom Kirchenraum, und an die Seitenschiffe schlossen sich zusätzlich die Katechúmena, Korridore mit Sitzbänken für die Un-

8

getauften, an. Im Westen lagen der Narthex und ein Atrium mit einem sechseckigen Reinigungsbrunnen. Im Norden der Basilika befand sich das Baptisterium, die Taufkirche des Bistums. Dieser dreischiffige Bau weist analog zur großen Basilika ein Atrium mit Reinigungsbrunnen und einen schmalen Narthex auf. An der Südwand befindet sich das Taufbecken, das in seiner Größe für die damals übliche Erwachsenentaufe bemessen war. Von hier aus geht man über das Teersträßchen wieder zum Ausgangspunkt zurück.

Nach der Besichtigung der Ausgrabungen von Koúrion sollte man nicht versäumen, ein **antikes Stadion** aus dem 2. Jh. n. Chr. zu besuchen, ungefähr 1 km westlich auf der rechten Straßenseite Richtung Páphos gelegen. Deutlich sieht man noch die U-förmige Gestalt der ehemals 229 mal 24 m großen Anlage, in der ungefähr 6000 Menschen Platz fanden. Weiter Richtung Páphos liegt das **Heiligtum des Apollon**, der hier als »Hylátes« , Beschützer des Waldes und der Tiere, verehrt wurde. In der Antike war das Heiligtum von einem dichten Wald umgeben, in dem es reichlich Wild gab. Grabungen haben gezeigt, dass die Verehrung des Gottes an dieser Stelle schon auf das 8. Jh. v. Chr. zurückgeht und bis ins 4. Jh. n. Chr. anhielt. Betritt man den heiligen Bezirk, erreicht man zunächst zwei Säulenhallen, die den Pilgern zum Ausruhen und zum Aufstellen der Weihgaben dienten. Das Zentrum des heiligen Bezirks bildete der heute teilweise rekonstruierte **Tempel des Apollon Hylátes** aus dem 1. Jh. n. Chr., der auf den Fundamenten eines spätklassischen oder hellenistischen Vorgängers errichtet wurde. Er repräsentiert den Typus des römischen Podiumtempels als Próstylos, d. h. die Tempelfront hat eine von vier Säulen getragene Vorhalle. Eine breite Treppe führt zum Tempel hinauf, der auf einer erhöhten Basis steht. Die auffallenden Kapitelle zeigen nabatäischen Einfluss (Nabatäer = altorientalisches Volk).

Außerhalb des heiligen Bereiches lag die antike **Palästra**, der Übungs- und Spielplatz für die Athleten. Die im 1. Jh. n. Chr. erbaute Kampfstätte bestand aus einem sandbedeckten, offenen Hof, der von Säulengängen und Räumen, die dem Umkleiden, Einölen und Waschen der Athleten dienten, umgeben war.

> **Tipp**
>
> **Feste in Südzypern**
>
> Der Karneval auf Zypern hat seine Hochburg in Limassol und findet wie in Páphos und Lárnaca in der Woche vor der Fastenzeit (Februar) statt. Dann führt König Karneval Vorsitz bei Spielen, Spaß, Maskeraden und anderen Festveranstaltungen, die von einem Umzug am letzten Sonntag gekrönt werden. Im Mai begeht man das Anthestiria / Blumenfest in den Städten Limassol und Páphos. Im September lohnt das Weinfest in Limassol mit kostenloser Weinverköstigung.

9

Hoch über der Küste von Pissoúri

Blick zum Aphrodite-Felsen: Pissoúri Village Square – Hochplateau – Pissoúri   Karte: B 2

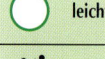 leicht

 10 km

 2 ½ Std.

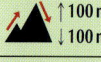 ↑ 100 m ↓ 100 m

 ja

Tourencharakter: Die Wanderung führt an vielen Stallungen mit dem im Mittelmeerraum so typischen Nutztier, der Ziege, vorbei. Der Blick auf den Aphrodite-Felsen führt uns ein in die Welt der Mythen und natürlich auch der menschlichen Phantasie, die den Mythos um die Göttin der Liebe mitbegründet hat.
Beste Jahreszeit: Das ganze Jahr. Die schönsten Wanderzeiten sind aber der Herbst oder die Frühling.
Ausgangspunkt: Pissoúri Village Square.
Endpunkt: Pissoúri Village Square.
Wanderkarte: Keine.
Markierungen: Keine.

Verkehrsanbindung: Keine Busverbindung nach Pissoúri. Mit dem Mietwagen oder Taxi fährt man über die Hauptverkehrsstraße Limassol–Páphos bis nach Pissoúri, wo man von der Hauptstraße in den Ort hinauf abbiegt. Am Ortsanfang weist ein Schild Richtung Pissoúri Village Square.
Einkehr: In Pissoúri gibt es viele gemütliche Tavernen.
Unterkunft: In Pissoúri kann man Apartments mieten. Am Strand liegt das Columbia Beach Hotel**** mit eigenem Strand.
Tourist-Info: Páphos, Gladstone Str. 3, Tel. 06/23 28 41.

Pétra tou Romíou, besser bekannt unter der Bezeichnung »Aphrodite-Felsen«, ist eine der bedeutendsten Attraktionen Zyperns. Wie an vielen Orten lebt hier die Legende von der sagenumwobenen Göttin der Liebe wieder auf. Auch heute lassen sich die Menschen von der Ausstrahlung des Ortes gefangen nehmen.

Der Wegverlauf

In Pissoúri gehen wir an der Kirche vorbei in Richtung der Ausschilderung »Village Square«. Bei der Gabelung vor einem Supermarkt nimmt man den rechten Weg zum **Fußballplatz** des Ortes. Wir überqueren den Platz, folgen dem Weg dahinter auf eine Erhebung mit rundem Beton-Wasserspeicher und gehen auf den Sendemasten zu.

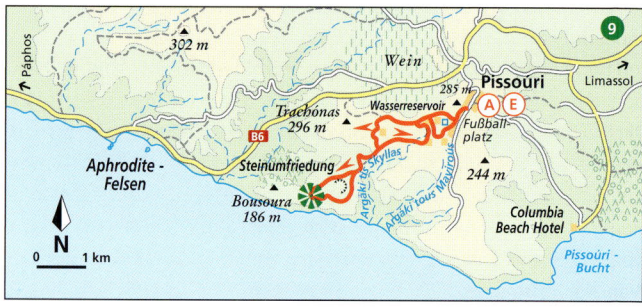

Nach rechts hinab bietet sich ein Blick über Weinfelder auf die Hauptverkehrsstraße vom Limassol nach Páphos. Bei guter Sicht sind in der Ferne die »Golfbälle« des → **Olymp** zu sehen. Man folgt dem dominierenden Weg weiter zwischen Ziegen- und Schafställen hindurch bis an eine Weggabelung (20 Min.). Hier bleibt man weiter auf dem kaum erkennbaren Weg geradeaus. Den linken ignorieren wir, da er unser Rückweg ist.

Vom Hochplateau aus genießt man den Blick auf den mythenumwobenen Aphrodite-Felsen.

Linker Hand begleitet uns ein Zaun durch die Vegetation aus Johannisbrotbäumen, Zistrosen und Ginster. Bald biegt der Weg steil nach rechts ab ins Tal (30 Min.). Diesen nehmen wir nicht und wenden unsere Schritte Richtung Meer. Der Weg stößt auf einen **Ziegenstall** und vereinigt sich mit einem zweiten Weg von links. Durch das Strauchwerk geht es nach rechts zu einem breiten Weg, der sich bald wieder gabelt. Beide Wege führen zum Hochplateau, aber wir halten uns rechts (50 Min.). Blicke auf eine Schlucht und das Meer begleiten den Abstieg und den darauf folgenden Aufstieg zum Hügel. Man steigt nach links aufs **Hochplateau**, wo sich eine Steinumfriedung (1 Std.) befindet. Das Plateau umrundet man immer gegen den Uhrzeigersinn und genießt dabei die Aussicht auf die Küste mit den weißen Steilhängen und dem in der Ferne liegenden **Aphrodite-Felsen**. Schließlich gelangt man wieder an die Steinumfriedung (1:40 Std.).

Der Rückweg führt über den Grat, bis man den **Ziegenstall** wieder erkennt. Diesmal halten wir uns am Stall auf dem Feldweg geradeaus, bis erneut ein Ziegengatter auftaucht (2 Std.). Vor dem Gatter biegt man links ab und kommt dann rechts wieder auf den Wanderweg, der unser **Hinweg** war. Das **Fußballfeld** kündigt das Ende der Wanderung an (2:30).

10 Zu den Kaledonia-Wasserfällen

Wasserrauschen im dichten Wald: Páno Plátres – Psilódendro – Kaledonia-Wasserfälle – Kryo Potamos – Tróodos   Karte: B/C 3

mittel

6 km

2 Std.

↑ 600 m
↓ 0 m

ja

Tourencharakter: Stetig ansteigende Wanderung am Ufer eines Flusslaufes mit einem Anstieg von 600 Hm. Der Flusslauf wird dabei mehrere Male überschritten. Das Endstück der Wanderung führt entlang der alten Serpentinenstraße von Páno Plátres nach Tróodos.

Beste Jahreszeit: Frühling zur Schneeschmelze, aber ganzjährig gehbar. Flusslauf trocknet auch im Sommer nicht aus.

Ausgangspunkt: Páno Plátres bei der Forellenzuchtstation.

Endpunkt: Tróodos beim Kreisverkehr.

Wanderkarte: Keine.

Markierung: Erklärungstäfelchen aus Holz.

Verkehrsverbindung: Taxi oder Mietwagen nach Páno Plátres. Busverbindung von Limassol nach Plátres einmal täglich.

Einkehr: Unterwegs keine, in Páno Plátres am Beginn der Wanderung mehrere Restaurants. Einkehrmöglichkeiten am Endpunkt in Tróodos.

Unterkunft: Hotel Forest Park, verfügt über einen Swimmingpool, der in den Sommermonaten Abkühlung spendet. Treffpunkt für Wanderer und Skifahrer im Winter. Ansonsten mehrere Hotels in Páno Plátres. In Tróodos Hotel Jubilee.

Tourist-Info: Páno Plátres neben der Post, Tel. (05)42 13 16.

Der Kryos Potamos, kalter Fluss, ist einer der wenigen Bäche Zyperns, welcher das ganze Jahr hindurch fließt. Die Wanderung entlang des Flusses ist bestimmt durch das Plätschern des Wassers und die Vielfältigkeit der Natur, besonders in den Frühjahrsmonaten.

Der Wegverlauf

Der Ausgangspunkt ist die **Forellenzucht Psilódendro** in Páno Plátres, an der wir links, einem Hinweisschild folgend, vorbeigehen. Das

Esel werden als Lasttiere genutzt

10

Halloúmi – Zyperns Nationalkäse

Für viele Zypernbesucher wird dieser weiße »Gummikäse« eine neue Entdeckung sein. Wie Féta wird er aus Ziegen- oder Schafsmilch hergestellt. Man isst ihn roh, gebacken oder gar gegrillt, mit Vorliebe zusammen mit Loúnza, geräuchertem Schinken. Eine seiner Eigenschaften ist, dass er nicht schmilzt, wenn man ihn erhitzt. Wer im Hotel Forest Park wohnt, wird ihn auf dem Frühstücksbüffet finden.

kurze Stück Betonweg endet bald an der **Hinweistafel** zu den Kaledonia-Wasserfällen. Von hier aus folgen wir dem Pfad, der nicht immer leicht zu gehen ist, stetig bergauf. Bald hören und sehen wir den Bach, der unseren Weg von nun an immer wieder kreuzen wird. Nach gut 1 km erreicht man die **Kaledonia-Wasserfälle**, die auch im Sommer Wasser

Ganzjährig Wasser führende Bäche sind auf Zypern rar; hier hat man zudem noch Wald!

führen, wenn auch viel bescheidener als im Frühjahr zur Zeit der Schneeschmelze. Links vor den Fällen geht eine Stiege hinauf, der wir rechts bis auf die Höhe der Wasserfälle folgen. Der Pfad windet sich von nun an wieder mäandernd durch den Wald, immer entlang des Flusslaufes. Nach kurzer Gehstrecke muss rechts des Flusses ein kurzer steiler Anstieg, wo bei Nässe Vorsicht geboten ist, durch eine

Kalkwand überwunden werden. Danach wird der Pfad schnell zu einem breiteren sanft ansteigenden Waldweg. Der Startpunkt des Kaledonia-Trail mit seinem typischen **Holzhäuschen** liegt an der alten Serpentinenstraße nach Tróodos (1 Std.). Da die Straße durch eine neue, breitere Landstraße ersetzt wurde, wird einem beim weiteren Aufstieg kaum ein Auto begegnen. Die Straße beginnt beim Holzhäuschen leicht links versetzt. Die 2 km lange Straße führt hinauf bis zum Ortseingang von Tróodos, rechter Hand liegt die **Pferdemietstation** und der **Tróodos Square** mit seinen Restaurants und Verkaufsständen.

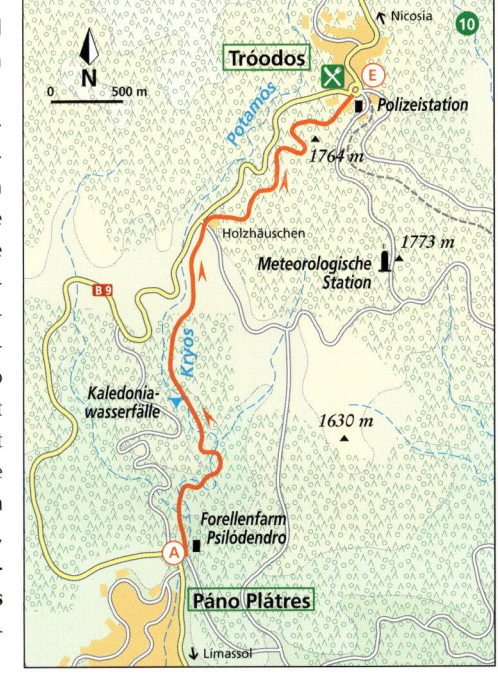

11 Der Naturlehrpfad von Persephoné

Im lichten Wald der Frühlingsgöttin: Polizeistation Tróodos –
Makrya Kontarka – Polizeistation Tróodos   Karte: C 3

 leicht

 6 km

1 ³/₄ Std.

↑ 100 m
↓ 100 m

ja

Tourencharakter: Leichte Höhenwanderung auf 1700 m durch einen abwechslungsreichen Kiefernwald. Mit herrlichen Ausblicken auf den östlichen Tróodos.

Beste Jahreszeit: Frühling zur Blütezeit, aber ganzjährig gehbar. Im Winter eventuell schneebedeckt.

Ausgangspunkt: Tróodos gegenüber der Polizeistation.

Endpunkt: Tróodos.

Wanderkarte: Keine.

Markierung: Braune Pfeile mit gelber Spitze, durchnummerierte Punkte auf Holztafeln entlang des Wanderweges.

Verkehrsverbindung: Taxi oder Mietwagen nach Tróodos. Busverbindung nur nach telefonischer Voranmeldung von Páno Plátres aus. Günstigste Variante: Sammeltaxis von Plátres aus.

Einkehr: Unterwegs keine, in Tróodos am Beginn und Ende der Wanderung mehrere Restaurants. Empfehlenswert das Ferreos Park Restaurant gegenüber den Verkaufsständen.

Unterkunft: Jubilée Hotel, Treffpunkt für Wanderer und Skifahrer im Winter. Mehrere Hotels in Páno Plátres 10 km südlich von Tróodos.

Tourist-Info: Nur in Páno Plátres neben der Post, Tel. (05) 42 13 16.

Der nach der Frühlingsgöttin Persephoné benannte Naturlehrpfad ist eine schöne Einstimmung auf die Landschaft des → **Tróodos**. Die Tafeln entlang des Waldpfades geben Hinweise auf die Vegetation des Gebietes. Bei klarer Sicht öffnen sich Panoramen bis zu den Salzseen um Limassol.

 Tipp

Loukoumi

Die Süßigkeit wird auch als »Cypriot delight« verkauft. Es handelt sich dabei um sehr süßes, mit Puderzucker bestäubtes Konfekt aus Fruchtgelee, Mandeln und Zucker, das es in verschiedenen Farben gibt und das genauso gut schmeckt wie es aussieht. Im Dorf **Gerskipou** gegenüber der Kirche Ágia Paraskeví mit ihren fünf Kuppeln gibt es das beste, ansonsten in jedem Supermarkt.

Der Wegverlauf

Von den Verkaufsständen in Tróodos wenden wir uns in Richtung des Kreisverkehrs. Dort nehmen wir die Asphaltstraße, die links den Ort verlässt, wobei sie eine Rechtskurve beschreibt. Rechts vom Kreisverkehr sehen wir meistens Pferde und Mulis, auf deren Rücken man die Umgebung erkunden kann. Nach etwa 150 m erreichen wir links eine Schotterfläche, auf der häufig Autos geparkt sind. Dort befindet sich auch das Holzhäuschen, das den **Anfangspunkt** des **Naturlehrpfades** markiert. Gegenüber liegt die Polizeistation von Tróodos. Der Weg ist ein leicht erkennbarer Waldpfad, der die ersten Minuten unterhalb militärischer Anlagen entlang führt.

11

Ausblick bis zu den Salzseen um Limassol

Nach etwa 10 Min. erreichen wir Sitzbänke. An ihnen vorbei wandern wir unterhalb großer Kiefern bis zu einem Aussichtspunkt (20 Min.), von dem aus wir eine herrliche Aussicht auf den **Olymp** (1952 m) mit seiner Radaranlage und die Mondlandschaft der stillgelegten **Asbestmine** von Pano Amiandos haben. Das Mineral wurde dort im Tagebau gewonnen.

Weiter leitet uns der Weg durch Aufforstungsgebiete, auf denen versucht wird, die früher weit verbreitete heimische Zeder wieder anzupflanzen. Nach 50 Min. kommen wir an eine Kreuzung (Wegweiser) mit einem breiten Forstweg (→ **Wanderung 12**), den wir geradeaus überqueren. Nun ist das Ende des Naturlehrpfades nicht mehr weit. Am Aussichtspunkt **Viewpoint Makrya Kontarka** bietet sich ein weiter Blick auf die Orte und Dörfer des Bezirks → **Limassol**. Bei sehr guter Sicht erkennt man auch die Salzseen um Limassol und Akrotíri. Der Platz eignet sich ideal zu einem Picknick, vielleicht mit ein paar typischen zypriotischen Leckereien.

Der Rückweg erfolgt über den gleichen Pfad zurück zum Ausgangspunkt in Tróodos.

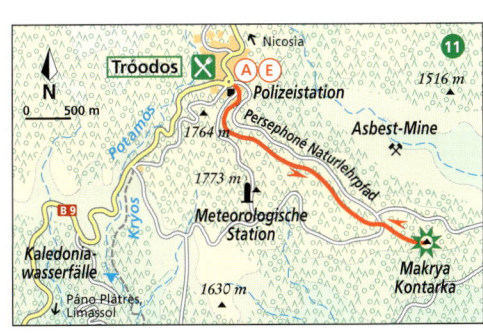

12 Von Tróodos nach Plátres

Panoramaweg an Asbestminen vorbei: Tróodos – Makrya Kontarka –
Kloster Mesapotamos – Páno Plátres   Karte: B/C 3

 mittel

 16 km

 4 Std.

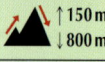 ↑ 150 m ↓ 800 m

Tourencharakter: Ausgedehnte, jedoch leichte Wanderung mit einem Abstieg von 800 Höhenmetern auf einem gut begehbaren Forstweg. Abwechslungsreiche Ausblicke über die Landschaft des Tróodos.
Beste Jahreszeit: Im Frühling zur Blütezeit, aber ganzjährig begehbar. Im Winter selten schneebedeckt.
Ausgangspunkt: Tróodos gegenüber der Polizeistation.
Endpunkt: Páno Plátres bei der Forellenzuchtstation.
Wanderkarte: Keine.
Markierung: Keine, gelegentlich Wegweiser.
Verkehrsverbindung: Taxi oder Mietwagen nach Tróodos. Busverbindung nur nach telefonischer Voranmeldung von

Páno Plátres aus. Günstigste Variante: Sammeltaxis von Plátres.
Einkehr: Unterwegs keine; in Tróodos am Beginn der Wanderung mehrere Restaurants. Empfehlenswert das Ferreos Park Restaurant gegenüber den Verkaufsständen. Vielfältige Einkehrmöglichkeiten am Endpunkt. Frische Forellen im Restaurant der Forellenfarm Psilódendro.
Unterkunft: Hotel Forest Park, verfügt über einen Swimmingpool, der in den Sommermonaten Abkühlung spendet. Treffpunkt für Wanderer und Skifahrer im Winter. Ansonsten mehrere Hotels in Páno Plátres.
Tourist-Info: Páno Plátres neben der Post, Tel. (05) 42 13 16.

Schöne Wanderung, die entlang der Panoramen des Tróodos-Massivs in den historischen Gebirgsort **Páno → Plátres** führt. Einst bauten hier britische Offiziere ihre Sommerresidenzen, später kamen Besucher aus arabischen Ländern zum Skifahren, doch der Charme vergangener Tage beginnt zu bröckeln.

Der Wegverlauf

Einst eine recht noble Gegend, beginnt der Charme vergangener Zeiten zu bröckeln.

In Tróodos gibt es zwei Möglichkeiten, den Weg zu beginnen. Entweder man folgt der Ausschilderung vom Kreisverkehr nach links und dem grünen Wegweiser »**Mesapotamos 13 km**« oder man wählt die schönere Alternative vom Ausgangspunkt der → **Wanderung 11** bis zur Kreuzung (45 Min.) kurz vor dem Endpunkt des Persephoné-Pfades.

Hier biegen wir in den Forstweg nach links ein und erreichen kurz darauf den ursprünglichen Weg nach Mesapotamos, dem wir nach rechts, ausgeschildert Richtung Vryses, folgen. Von hier an begleitet uns der Blick auf die **Asbestmine** eine geraume Zeit. Der Forstweg schlängelt sich nun gemächlich bergab. Alle Abzweigungen ignorierend wandern wir auf dem dominanten Weg, der bald eine Rechtskurve macht; daraufhin verlieren wir die Asbestmine aus den Augen.

Jetzt befinden wir uns unterhalb des Aussichtspunktes **Makrya Kontarka** und genießen die Aussicht auf die Landschaften um → **Limassol** und die Berge und Täler des Tróodos. Nach 9 km stoßen wir auf **grüne Wegweiser**, die uns den Weg nach Mesapotamos anzeigen. Das **Kloster** liegt in einem bewaldeten Tal und hat einen Trinkwasserbrunnen, in der Nähe liegt ein angelegter Picknickplatz,

der uns zur Rast einlädt (2:30 Std.). Um nach Plátres zu gelangen, gehen wir zum Hauptweg zurück und lassen uns von der Ausschilderung leiten.

Der Weg gewinnt langsam wieder an Höhe, rechts passiert man ein Wasserrohr, dessen kaltes Wasser besonders im Sommer Kühlung und Labung gewährt. Bald ändert sich wieder der Wegverlauf, und ein linker Hand liegendes eingezäuntes **Schulgelände** kündigt die Ankunft in Plátres an. Da die Wanderung direkt bei der **Forellenzucht Psilódendro** endet, bietet sich ein kurzer Blick in die Becken an und vielleicht auch eine Kostprobe der schmackhaften Fische.

Die Mondlandschaft der aufgelassenen Asbestmine kontrastiert mit den Eindrücken des Gebirges.

13 Pfad der Jagdgöttin Artemis

Geologische Formationen im Skigebiet: Holzhäuschen Artemis-Lehrpfad –
Skilift – Holzhäuschen Artemis-Lehrpfad Karte: C 3

 mittel

 7 km

 2 Std.

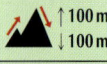 ↑ 100 m ↓ 100 m

 ja

Tourencharakter: Höhenwanderung (1800 m) mit geringen Steigungen auf gut begehbaren Waldpfaden (Artemis-Naturlehrpfad). Der Weg bietet wechselnde panoramaartige Sicht auf die Ausläufer des Tróodosmassivs und stellt eine etwas kürzere Variante des Atalante-Lehrpfades dar.

Beste Jahreszeit: Das ganze Jahr; in den Wintermonaten ist zeitweise mit Schnee zu rechnen, im Sommer starke Sonneneinstrahlung, daher besser die Morgen- oder Nachmittagsstunden wählen.

Ausgangspunkt: Startpunkt des Artemis-Lehrpfades an der Straße von Tróodos zum Olymp zirka 400 m von der Ab-

zweigung der Hauptstraße nach Pródromos.

Endpunkt: Wie Ausgangspunkt.

Wanderkarte: Keine.

Markierung: Hölzerne Hinweistafeln zu Flora und Fauna.

Verkehrsverbindung: Taxi oder Mietwagen zum Ausgangspunkt, Busverbindungen sind nicht vorhanden.

Einkehr: Unterwegs keine, in Tróodos mehrere Tavernen.

Unterkunft: In Tróodos im Hotel Jubilee, Treffpunkt für Wanderer und Skifahrer.

Tourist-Info: Páno Plátres neben der Post, Tel. (05) 42 13 16.

Der nach der Waldgöttin Artemis (bei den Römern Diana) benannte Wanderweg gibt dem Wanderer Gelegenheit, den Wald, die Flora und das Gestein des Tróodosmassivs zu sehen und zu studieren. Seine exponierte Lage bietet Weitblicke auf eine verwunschene Berg- und Waldlandschaft.

Der Wegverlauf

Vom Beginn des **Artemis-Naturlehrpfades** an folgen wir dem gut zu erkennenden Lehrpfad und erblicken nach kurzer Wegstrecke die

Weithin sichtbar: Radarstationen auf dem Olymp

Bergspitzen des östlichen Tróodosmassivs mit den Spitzen des Madhari (1631 m), des Papoútsa (1554 m) und des Kióna (1423 m). Bei den Tafeln Nr. 7 und Nr. 8 begegnen uns mit dem Aufrechten Helmkraut und der Zyprischen Silberscharte Vertreter der endemischen Pflanzenwelt Zyperns.

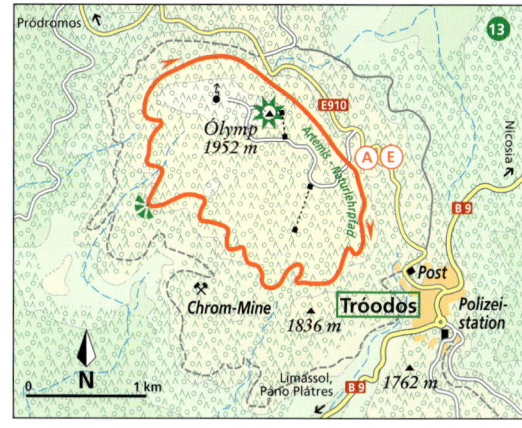

Der Weg führt vorbei an einer künstlichen Aufforstungsfläche mit der einheimischen Zeder (Nr. 11), die durch den Schiffbau vergangener Jahrhunderte fast gänzlich von der Insel verschwunden war, obwohl sie die ganze Insel bedeckt hatte. Nach einer scharfen Rechtskurve gehen wir bald auf einen **Skilift** (Nr. 17) zu. Die kahlen Hänge deuten an, dass hier im äußersten Nordosten der Mittelmeerregion alpines Skilaufen möglich ist. Die letzten Winter mit ihren geringen Schneefällen ließen jedoch nur eine eingeschränkte Skisaison im Januar/Februar zu. An dieser Stelle folgen wir dem weißen Pfeil nach links, um nach der Hälfte der Wanderung (Nr. 21) beim Aussichtspunkt einen Blick auf die im Tal liegenden Dörfer Mandria und → **Ómodhos** zu werfen.

Aufforstungen, Skipisten und ein Pflanzenlehrpfad begleiten uns auf dieser Wanderung.

Vorbei an den Ruinen einer provisorischen Befestigung (Nr. 22) gelangt man schnell zum zweiten Aussichtspunkt (Nr. 24) mit Sicht über **Pródromos** mit dem Staudamm bis hin zum **Kloster Kykko** und Throni (Grabstätte Makarios' III.). Bei Hinweistafel Nr. 31 überqueren wir eine zweite Skipiste der Zypriotischen Ski-Förderation und erblicken linker Hand an der Asphaltstraße von Tróodos nach Pródromos eine Skihütte; der Restaurationsbetrieb ist außerhalb der Saison sehr eingeschränkt. Von hier ist der Weg nicht mehr weit zum Ausgangspunkt der Wanderung.

Nach Ende der Wanderung bietet sich ein Abstecher zum »Dach Zyperns« an, dem → **Olymp**. Der Gipfel mit seinen weithin sichtbaren »Golfbällen« ist nicht zu besteigen, doch Hinweisschilder deuten den Weg zum Zwillingsgipfel mit dem Antennenmast und dem Aussichtspunkt über das westliche Zypern an.

14   Der Atalante-Rundwanderweg

Von Radarkuppeln zur verlassenen Chrommine: Tróodos – Chrombergwerk Hadjipavlou – Chromion – Tróodos   Karte: C 3

 **mittel**

 13 km

 **3 ½ Std.**

 ↑ 100 m   ↓ 100 m

☺ **ja**

Tourencharakter: Höhenwanderung (1750 m) mit geringen Steigungen entlang des Atalante-Naturlehrpfades, vorbei an einer alten Chrommine. Der Weg bietet wechselnd Ausblick auf die Ausläufer des Tróodosmassivs.
Beste Jahreszeit: Das ganze Jahr; in den Wintermonaten ist zeitweise mit Schnee zu rechnen, im Sommer starke Sonneneinstrahlung, daher besser die Morgen- oder Nachmittagsstunden wählen.
Ausgangspunkt: Startpunkt des Atalante-Lehrpfades an der Straße von Tróodos nach Pródromos gegenüber dem Postgebäude.
Endpunkt: Wie Ausgangspunkt.

Wanderkarte: Keine.
Markierung: Hinweistafeln zu Flora und Fauna, nach Überquerung der Teerstraße braune Holzschilder mit weißem Pfeil.
Verkehrsverbindung: Taxi oder Mietwagen zum Ausgangspunkt, Busverbindungen sind nicht vorhanden.
Einkehr: Unterwegs keine; bei Kilometer 3 eine Quelle mit Trinkwasser, in Tróodos mehrere Tavernen.
Unterkunft: In Tróodos im Hotel Jubilee, Treffpunkt für Wanderer und Skifahrer.
Tourist-Info: Páno Plátres neben der Post, Tel. (05) 42 13 16.

Rund um das »Dach Zyperns«, wie der Olymp genannt wird, führt die schöne Wanderung durch die eindrucksvolle Landschaft des Tróodosgebirges. Immer wieder schweift der Blick auf die modernen Wahrzeichen, die »Golfbälle«, die die Radar- und Fernsehstationen auf dem Olymp umhüllen.

Der Wegverlauf

Am nördlichen Ende des Tróodos Square gegenüber dem **Postgebäude** befindet sich der Beginn des **Atalante-Naturlehrpfads**. Die Hinweistafel gibt einen kurzen Überblick über die Wanderung und ihre Sehenswürdigkeiten.

Das erste Stück des Pfades führt uns um die Rückseite des **Hotels Jubilee**, das vor allem von Wanderern und im Winter von Skifahrern aufgesucht wird. Nach der ersten halben Stunde bieten sich bei guter Sicht Ausblicke auf den Süden der Insel bis hin nach → **Limassol** mit seinem Salzsee. Bald danach erreichen wir eine Parkbank, die zu einer kleinen Rast einlädt und bei der sich mehrere Wege verzweigen. Dem Pfeil folgend passiert der Weg bei Kilometer 3 eine sprudelnde **Quelle** mit Trinkwasser, die auch im Sommer nicht versiegt. Kurz vor Kilometer 5 kommt der Tunneleingang zum **Chrombergwerk Hadjipavlou**, das von den 50er Jahren bis 1982 in Betrieb war. Den Stollen nicht betreten! Einsturzgefahr! Nach dem Bergwerkstunnel macht

Immer wieder eröffnen sich weite Ausblicke über das Gebirge bis zum Salzsee von Limassol.

Hotel Jubilee, Treffpunkt für Wanderer und Skifahrer

14

der Waldpfad eine scharfe Linkskurve, um dem Wanderer wieder Ausblicke in die Täler und über die Hügel des Tróodos-Massivs zu eröffnen.

Bei Hinweistafel Nr. 48 des Lehrpfades erkennt man das Dorf **Pródromos** unten links im Tal. Am Horizont sehen wir die Bergspitze **Throni** oberhalb des **Kykko- Klosters**. Der restliche Teil des Waldweges geleitet uns durch die typischen Kiefernwälder des Tróodos, um nach Kilometer 9 an der Teerstraße nach Pródromos zu enden. Hier folgen wir der Straße gut hundert Meter in Richtung Tróodos. Bei dem Wegweiser nach → **Agios Nicólaos** biegen wir nach links in die Staubstraße ein. In der ersten scharfen Linkskurve weist ein brauner Pfeil mit weißer Spitze nach rechts. Wir lassen uns von dem schmalen Pfad bergab leiten. Nach halber Wegstrecke wird der Pfad zu einem breiteren Forstweg, der uns von der anfänglich nahezu parallel verlaufenden Teerstraße fortführt. Leicht abwärts gehen wir bis zu einem uns schon bekannten braunen Pfeil mit weißer Spitze. Nun gewinnt der Weg wieder an Höhe und geht unterhalb der **Jugendherberge** von Tróodos auf das Postgebäude am Tróodos Square zu.

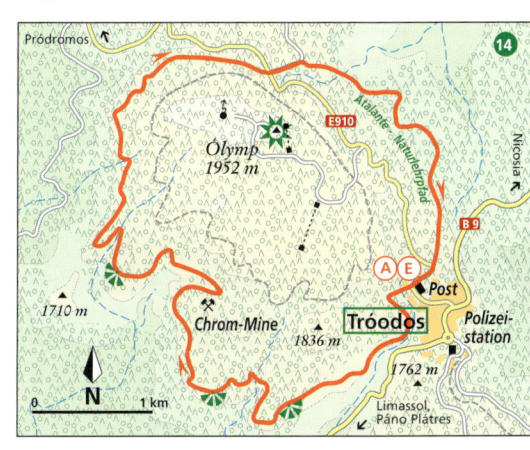

15

Hinunter zum Ágios Nikólaos tis Stégis

An Chromminen vorbei nach Kakopétria: Endpunkt Lehrpfad – Chrommine – Ágios Nikólaos tis Stégis – Kakopétria   Karte: C 3

 mittel

 15 km

 4 Std.

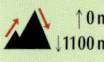 ↑ 0 m ↓ 1100 m

Tourencharakter: Stetig bergab führende Wanderung (von 1750 m auf 640 m) auf einem Forstweg, vorbei an alten Chromminen. Der Weg vom Ágios Nikólaos tis Stégis nach Kakopétria (640 m) verläuft neuerdings auf einer Asphaltstraße.
Beste Jahreszeit: Das ganze Jahr; im Winter selten Schnee, im Sommer starke Sonneneinstrahlung, daher am besten morgens oder nachmittags.
Ausgangspunkt: Endpunkt des Atalante-Lehrpfades an der Straße von Tróodos nach Pródromos bei Wegweiser nach Ágios Nikólaos / Kakopétria.

Endpunkt: Dorf Kakopétria.
Wanderkarte: Keine.
Markierung: Keine.
Verkehrsverbindung: Taxi oder Mietwagen zum Ausgangspunkt, Busverbindungen sind nicht vorhanden.
Einkehr: Unterwegs nicht, in Kakopétria mehrere Tavernen.
Unterkunft: In Tróodos im Hotel Jubilee Treffpunkt für Wanderer und Skifahrer, in Kakopétria mehrere Hotels und Unterkünfte.
Tourist-Info: Páno Plátres neben der Post, Tel. (05) 42 13 16.

Immer sanft bergab führt diese Wanderung aus dem Gebirge in die Ebene.

Das Tróodos-Gebirge war einst reich an Metallvorkommen, die bis vor kurzem ausgebeutet wurden. Davon zeugen noch die verlassenen und langsam verfallenden Bergwerksanlagen am Rande der Wanderung, die man in den 80er Jahren nach einem Grubenunglück aufgegeben hat.

15

Der Wegverlauf

Kurz vor dem Ende des **Atalante-Naturlehrpfades** biegt ein breiter Forstweg von der Landstraße nach **Pródromos** rechts ab, ausgeschildert mit einem grünen Wegweiser Richtung **Ágios Nikólaos / Kakopétria**. An der linken Straßenseite steht ein Steinhaus. In den Weg einschwenkend gehen wir sanft bergab, bis ein brauner Pfeil mit weißer Spitze nach rechts weist. Hier halten wir uns jedoch links und wandern auf dem Forstweg, bis zwei verlassene **Steinhäuser** passiert werden. Bei der nächsten Gabelung nehmen wir den rechten unteren Weg, 200 m weiter orientieren wir uns wiederum links. Bald trifft man auf eine in den 80er Jahren verlassene **Chrommine** (40 Min.); dort macht der Weg eine scharfe Linkskurve. Immer weiter dem dominierenden Forstweg folgend, steigen wir in Serpentinen ständig bergab.

Auf unserer Wanderung begleiten uns immer wieder wechselnde Ausblicke, bei günstigen Wetterbedingungen auf die → **Mesaória-Ebene** bis hin zum Kyrénia-Gebirge. Später kreuzen Schienen den Weg und künden die zweite **Chrommine** an. Bei einer großen **Kiefer** (1:30 Std.) nehmen wir den linken unteren Weg, der weiter unten im Tal durch eine alte metallene **Schranke** gesperrt ist. Nach einer Weile können wir die ersten Häuser ausmachen, und unser Weg mündet in die Asphaltstraße nach → **Kakopétria** (3:15 Std.). Nun müssen wir ein Stück auf der Straße nach rechts gehen, bis in einer Linkskurve ein Schild mit der Bezeichnung »KEO« zu sehen ist. Wir gehen links davon in einen Staubweg hinein, der gleich links entlang der Umzäunung einer Klosterschule zum Eingang der Scheunendachkirche **Ágios Nikólaos tis Stégis** führt. Von der Kirche aus folgt man weiter der Straße bis in die Ortschaft **Kakopétria** mit ihrem denkmalgeschützten alten Ortskern.

Lohnend ist auch ein kleiner Abstecher in den Nachbarort **Galáta** mit seinen Scheunendachkirchen Panagía tis Podíthou und der dem Erzengel Michael (Archángelos) geweihten Kirche.

16

Von und zum Kloster Trooditissa

Rundweg mit Kirschbäumen und Picknick: Kloster Trooditissa –
Kambi tou Koloyerou – Kloster Trooditissa   Karte: C 3

 mittel

 12 km

 3 ¼ Std.

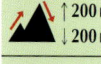 ↑ 200 m ↓ 200 m

 ja

Tourencharakter: Rundwanderung auf einem Forstweg mit einem kurzen Stück Asphaltstraße im mittleren Tourenabschnitt. Der Weg bietet herrliche Ausblicke auf das Bergdorf Phiní (Foini) und das westliche Tróodos-Gebirge, dabei sind nur geringe Höhenunterschiede (100–200 m) zu überwinden.
Beste Jahreszeit: Das ganze Jahr; im Sommer starke Sonneneinstrahlung, daher besser die Morgen- oder Nachmittagsstunden wählen.
Ausgangspunkt: Das Kloster Trooditissa.
Endpunkt: Kloster Trooditissa.

Wanderkarte: Keine.
Markierung: Gelegentlich grüne Wegweiser.
Verkehrsverbindung: Taxi oder Mietwagen zum Ausgangspunkt rund 5 km nordwestlich von Plátres; Busverbindungen sind nicht vorhanden.
Einkehr: Unterwegs keine; auf dem Klostergelände gibt es eine Taverne.
Unterkunft: Hotel Forest Park in Páno Plátres oder in Tróodos das Hotel Jubilee.
Tourist-Info: Páno Plátres neben der Post, Tel. 05/42 13 16.

Die Gründung des Klosters Trooditissa geht auf die wundersame Auffindung einer Muttergottesikone zurück, der man fruchtbarkeitsspendende Kraft nachsagt. Gleiches gilt für einen im Kloster aufbewahrten Ledergürtel. Dieser wird von Frauen umgelegt, die die Muttergottes um Nachwuchs bitten.

Der Wegverlauf

Durch das große Eingangstor betreten wir das Gelände des → **Kloster (Moni tis panagias tis) Trooditissa**, dessen Gebäude sich auf der linken Seite erstrecken. Vorbei an der Taverne überqueren wir das Gelände und durchschreiten den Ausgang, der in einen Forstweg einmündet. Linker Hand weist ein grüner Wegweiser nach **Ágios Dimitrios** (9 km), dem wir folgen. Nach kurzer Zeit bietet sich ein herrlicher Ausblick auf das Töpferdorf **Phini** (Foini).
Bald (20 Min.) zweigt rechts ein Weg ab, der uns auf dem Rückweg wieder zum Kloster zurückbringt. Weiter leicht bergab wandernd erreicht man als nächsten Orientierungspunkt den Weg-

weiser nach **Foini** (4 km). Auch wenn es nicht unser Ziel ist, gehen wir hier wieder Richtung Ágios Dimítrios. Nach einer Wegstrecke von 5 km hört man Dieselmotorengeräusche, die eine Pumpstation ankündigen. Dort verzweigt sich die Staubstraße, und wir folgen dem Hinweisschild nach → **Pródromos** (8 km). Nun beginnt ein leichter Aufstieg (200 Höhenmeter), der sich über gut 2,5 km hinzieht. Im Sommer ist dies sehr schweißtreibend, so dass man sich gewiss über das Wasserspeicherbecken links des Weges freut, das den

16

Im Frühsommer verlocken hier Kirschen den Wanderer.

müden Füßen Abkühlung verspricht. (Trinkwasser führt nur das linke Wasserrohr!) Die Kirschbäume der Umgebung verlocken den Wanderer, die Früchte zu kosten.

Immer auf dem dominierenden Weg bergauf bleibend, folgen wir an der Weggabelung dem Wegweiser nach **Palaiomylos** (4 km). Beim Picknickplatz **Kambi tou Koloyerou** mündet die Wanderstrecke in die Teerstraße Trooditissa/Pródromos ein. Der Picknickplatz ist besonders an den Wochenenden von zypriotischen Familien bevölkert, die dann zumeist an reich gedeckten Holztischen sitzen. Wir verlassen den Platz nach rechts bergab Richtung Troodítissa entlang der Asphaltstraße. Beim Gehen achten wir auf zwei Betonwasserbecken, die bald

Kloster Troodítissa, versteckt hinter Bäumen

(10 Min.) rechtsseitig am Hang auftauchen. Ganz in der Nähe zweigt ein Feldweg rechts von der Straße ab, dem wir hinab zum Kloster folgen. Nach kurzer Zeit (30 Min.) erreichen wir die Weggabelung vom Beginn unserer Wanderung und sind wieder auf dem Weg zurück zu unserem Ausgangspunkt.

17 Über den Trípylos ins Zederntal

Ursprüngliche Wälder Zyperns: Picknickplatz im Zederntal –
Berg Tripylos – Dhodheka Anemi – Picknickplatz   Karte: C 2

 mittel

 14 km

 3 ½ Std.

 ↑ 250 m ↓ 250 m

 ja

Tourencharakter: Wanderung auf Forstwegen durch das berühmteste Aufforstungsgebiet der Insel. Nur am Anfang ein Anstieg auf den Tripylos mit schönem Panoramablick. Nach dem Abstieg leichtes Bergauf und Bergab während der Wanderung.
Beste Jahreszeit: Da die Wanderung durch verhältnismäßig dichten Wald verläuft, das ganze Jahr.
Ausgangspunkt: Picknickplatz im Zederntal.
Endpunkt: Picknickplatz im Zederntal.
Markierungen: Keine, gelegentlich Wegweiser.
Wanderkarte: Keine.
Verkehrsanbindung: Keine Busverbindung. Mit dem Taxi oder Mietwagen

zum Ausgangspunkt. Die Anfahrt kann aus dem Tróodosgebirge erfolgen über die E 912 von Tróodos über Pródromos nach Kykko und dann weiter der Ausschilderung folgen. Von Pólis über die Küstenstraße E 704 nach Osten, hinter der Ortschaft Mavroli auf die ausgeschilderte Abzweigung achten nach Stavrós und von dort weiter zum Zederntal.
Einkehr: Keine Möglichkeit; der Picknickplatz bietet eine Trinkwasserquelle.
Unterkunft: In der Forststation von Stavrós tis Psókas: Forest Station Rest House, Tel. 06/72 23 38 oder 06/33 21 44.
Tourist-Info: Pólis, Agiou Nikolaou Street, Tel. 06/32 24 68.

Das Zederntal, berühmtestes Aufforstungsgebiet der Insel Das westliche Tróodos-Gebirge gehört mit seinen dichten Wäldern und großem Tierreichtum zu den schönsten Regionen der Insel. Nebst Kiefern wachsen hier endemische Libanonzedern (Cedrus libani ssp. brevifolia). Von diesem Baum gibt es dank der Aufforstungen wieder etwa 130000 Exemplare.

Der Wegverlauf

Am Startpunkt unserer Wanderung befindet sich der **Picknickplatz des Zederntals**. Holzbänke, Tische und eine Quelle sorgen für das Nötigste, damit sich der zypriotische Wochenendausflügler einrichten kann. Wir hingegen verlassen hier die unbefestigte Straße, um dem stetig leicht ansteigenden Weg zum Tripylos zu folgen. Ein grüner Wegweiser zeigt uns die Entfernung an: 2,5 km.

Das erste Stück der Wanderung geht noch durch den dichten Mischwald aus Zedern, Platanen und Kiefern. Bald jedoch wird der Blick freier, und je höher wir steigen, desto schöner wird die Aussicht. Wenn wir uns hier besonders leise und aufmerksam bewegen, haben wir mit etwas Glück die Gelegenheit, die scheuen Mufflons zu beobachten!

Auf dem Plateau des Berges **Tripylos** befindet sich ein Feuerbeobachtungsturm und ein kleines Picknickgebiet in wunderschöner Lage. Bei guter Sicht eröffnen sich herrliche Panoramen – im Westen die → **Akámas-Halbinsel**, im Osten das → **Tróodos-Gebirge**

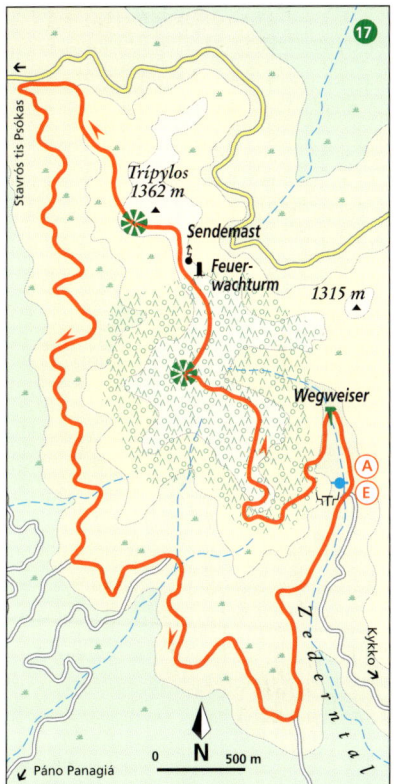

und im Norden die **Morphou Bucht**. Vom Gipfel führt ein einfacher 2 km langer Spazierweg hinunter zu der Straßenverzweigung **Dhodheka Anemi**, wo unsere Wanderroute die Straße nach **Stavrós tis Psókas** trifft. An dieser Stelle biegen wir links ein und folgen dann der Ausschilderung zum »Kloster Kykko, Ceddar Valley 10 km«. Auf dem breiten schattigen Forstweg lässt es sich leicht gehen, da er anfänglich sanft bergab führt.

Wir passieren auf dem Rückweg zum Ausgangspunkt drei Fahrwege, die nach rechts abzweigen, während sich unsere Wanderung immer mehr nach Osten orientiert. Die Vegetation wird zunehmend durch die Zedern bestimmt, die hier seit der Jahrhundertwende wieder aufgeforstet werden. Schließlich erreichen wir wieder unseren **Ausgangspunkt**.

18

Um die Forststation Stavrós tis Psókas

Heimat der Mufflons: Forststation Stavrós tis Psókas – Horteri Nature
Trail – Moutti Nature Trail – Forststation   Karte: C 2

mittel

12 km

3 ¾ Std.

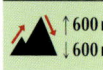

↑ 600 m
↓ 600 m

Tourencharakter: Abwechslungsreicher Wanderverlauf anfänglich über ein kurzes Stück Teerstraße, dann durch die Wälder des Waldes von Páphos mit seinen Kiefern und Zedern hinauf zu einem schönen Aussichtspunkt. Die Route bietet die Gelegenheit, die Mufflons zu Gesicht zu bekommen.
Beste Jahreszeit: Zur Blütezeit im Frühling, ansonsten ganzjährig gut begehbar.
Ausgangspunkt: Holzbogen des Horteri-Naturpfades.
Endpunkt: Taverne der Forststation.
Markierungen: Braune Holztafeln mit Pflanzennamen, gelegentlich Holzpfeile.

Wanderkarte: Keine.
Verkehrsanbindung: Keine Busverbindung. Mit dem Mietwagen oder Taxi von Pólis über die Küstenstraße E 704 über Mavroli, dann Ausschilderung folgen. Aus dem Tróodos über das Kloster Kykko.
Einkehr: Die Taverne der Forststation; unterwegs keine Möglichkeit.
Unterkunft: Die Forststation bietet Unterkünfte an.
Tourist-Info: Im Büro der Forststation bekommt man Informationsbroschüren.

Eine der entlegensten Regionen Zyperns sind die bewaldeten Höhen des Páphos-Waldes in den westlichen Ausläufern des Tróodos-Gebirges. Dies ist auch der Lebensraum der scheuen Mufflons, die man mit etwas Glück auf den Wanderungen um die Forststation Stavrós tis Psókas beobachten kann.

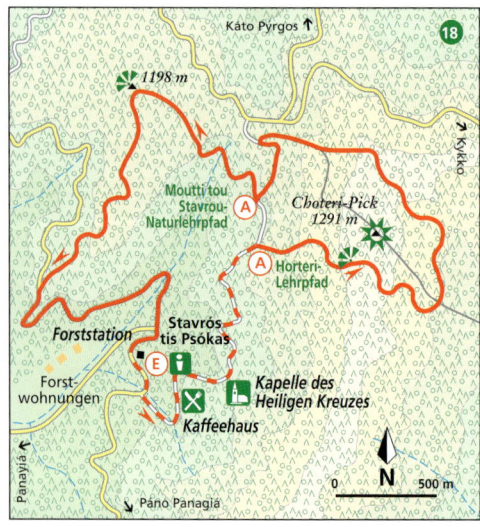

Der Wegverlauf

Die Wanderung rund um die **Forststation** ist ein Zusammenschluss von zwei Naturlehrpfaden. Man kann diese Wanderungen auch einzeln durchführen. Der »**Horteri-Lehrpfad**« hat eine Weglänge von 5 km, der kürzere »**Moutti tou Stravrou**« von 2,5 km. Beide liegen an der neu asphaltierten Straße nach **Kykko** unweit der Forststation. Wer ein Stück Teerstraße nicht scheut, verlässt das **Kaffeehaus** der Station nach rechts und geht die Straße Richtung

Kykko hinauf. Nach kurzer Wegstrecke sieht man rechter Hand die
Kapelle des Heiligen Kreuzes liegen. Nach einer Linkskurve erkennt
man am rechten Straßenrand das hölzerne Eingangstor zum Naturlehrpfad »**Horteri Nature Trail 5 km**«. Wir steigen ein paar Treppen-
stufen steil hinauf und biegen kurz darauf nach links ab. Der Weg
führt in Kehren ständig bergauf. Nach gut 100 Höhenmetern eröffnet
sich ein Weitblick in die Chrysochou-Bucht mit dem Städtchen
→ **Pólis**. Nach gut 45 Min. Gehzeit stoßen wir auf ein Holzschild mit
dem Hinweis »**Choteri-Pick**«. Hier zweigt ein rund 20-minütiger Abstecher zum 1291 m hohen Berg mit einer Feuerwachstation ab. Der
Weg lohnt sich schon wegen der schönen Aussicht.

Diese Wande-
rung verbindet
zwei nicht all-
zu lange Natur-
lehrpfade.

Zurück auf dem Hauptweg folgt man weiter dem dominierenden
Forstweg, der durch Aufforstungsgebiete mit Zedern führt. Kurz darauf mündet er in einen breiteren Weg, dem wir rechts folgen; auf
ihm erreichen wir den **hölzernen Naturlehrpfad-Pfosten**, der an der
Hauptstraße von Stavrós nach Kykko steht. Dies ist der Endpunkt des
Horteri-Nature-Trail. Auf der Straße wenden wir uns nach links Richtung Stavrós und gelangen nach etwa 1 km an den Startpunkt des
Moutti-Nature-Trail. Wir steigen den Weg zu einer Verzweigung em-
por, wo wir uns rechts halten. Bald bietet sich von einem 1198 m hohen Plateau ein schöner Blick gen Westen auf die → **Akámas-
Halbinsel**.

Vor dem Aussichtspunkt zweigt der Rundweg des Lehrpfades nach
links ab. Rechts über den Bergkamm geht der Pfad in steilen Serpentinen hinab und endet in einem Forstweg. Hier halten wir uns links,
um zurück zur **Forststation** zu wandern.

19 Gratwanderung über den Madhari

Weg des umfassendsten Zypernblicks: Adelphi-Gipfel – Doxa si
o Theos – Moutti tis choras – Ausgangspunkt   Karte: C 3

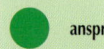 anspr.

 16 km

 5 Std.

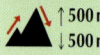 ↑ 500 m ↓ 500 m

Tourencharakter: Anspruchsvolle Wanderung mit einem Höhenunterschied von 500 m, die als Gratwanderung auf ungefähr 1500 m beginnt. Es bieten sich bei klarer Sicht schöne Ausblicke über ganz Zypern. Im mittleren Tourenabschnitt geht der Weg ständig leicht bergab, um dann über die letzte Hälfte der Distanz (8 km) teilweise steil zum Ausgangspunkt zurückzuführen.
Beste Jahreszeit: Der Frühling und der Herbst sind auch hier wegen der Vegetation die schönsten Wandermonate. Das ganze Jahr über möglich; in den Wintermonaten ist zeitweise mit Schnee zu rechnen, im Sommer heiß, daher die Morgen- oder Nachmittagsstunden wählen.
Ausgangspunkt: Torbogen des Naturlehrpfades zu Füßen des Fire Lookout auf dem Adelphi-Gipfel.
Endpunkt: Wie Ausgangspunkt.
Wanderkarte: Keine.

Markierung: Gelegentlich weiße Pfeile oder grüne Wegweiser.
Verkehrsverbindung: Mit dem Taxi oder dem Mietwagen von Agrós kommend Richtung Chandria fahren, dort weiter nach Lagoudherá. Nach etwa 2 km der Ausschilderung Richtung Fire Look Out folgen. Keine Busverbindungen.
Einkehr: Unterwegs keine; am Ende der Gratwanderung und vor dem anstrengenden Anstieg zum Gipfel gibt es Quellen mit Trinkwasser, die auch im Sommer nicht versiegen. Tavernen befinden sich in den umliegenden Ortschaften.
Unterkunft: Hotel Rodon ***, Odous Rodou 1 Tel. 05/52 12 01; Fax 05/52 12 35; E-Mail rodon@spidernet.com.cy; Internet: www.swaypage.com/rodon.
Tourist-Info: Im Hotel Rodon bekommt man an der Rezeption Informationen über weitere Wanderungen in der Region rund um Agros.

Der Weg hinunter und wieder hinauf zur Feuerwachstation verlangt vom Wanderer allerhand Kondition.

Der Weg über den Bergrücken des Madhari zeigt uns abwechslungsreiche Landschaft und schönste Ausblicke über die Insel: Über den Norden mit der → **Mesaória-Ebene**, den Osten mit dem Gipfel des → **Olymp** und den Süden mit der → **Akrotíri-Halbinsel**. Dabei durchschreitet man dichte Wälder und karge Bergregionen.

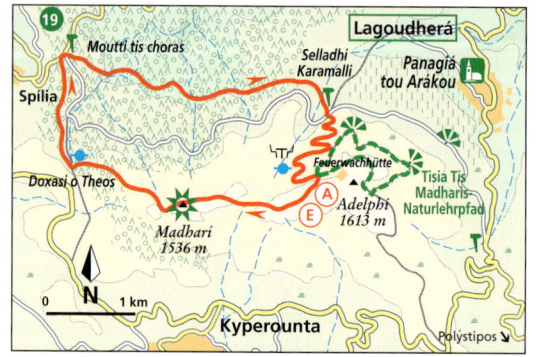

Der Wegverlauf

Wir starten unsere Wanderung beim **Torbogen** des Madhari-Naturlehrpfades mit einem kurzen Anstieg, wobei wir die **Feuerwachstation** des Adelphi-Gipfels im Rücken haben. Nach kurzer Gehzeit bietet sich gleich die Möglich-

19

Glyká

Die meisten Kernfrüchte aus dem Tróodos werden zwar frisch verkauft, aber zypriotische Frauen lernen immer noch von ihren Müttern die Kunst der Glyká-Herstellung, das sind in Sirup marinierte Früchte. Zum Glück gibt es diese aber nicht nur bei den Zyprioten zu Hause – probieren Sie einmal Petrokérasi (Schwarzkirschen), Kitrómilo (kleine Sevilla-Orangen), Siko (Feigen) und Vazanáki (winzige, mit Mandeln gefüllte Auberginen).

keit zu einem Rundblick vom Aussichtspunkt rechts des Weges. Knapp 5 Min. später haben wir bei einer Bank die zweite Gelegenheit, auf das Bergdorf **Kyperounta** hinunter zu schauen. Im Osten sieht man in der Ferne die uns schon bekannten »Golfbälle« des → Olymp. Wir folgen dem Weg weiter durch den Kiefernwald mit den Brutischen Kiefern (Pinus brutia), die hier ihre äußerste Wachstumsgrenze haben. Kurz vor dem leichten Anstieg zum Madhari (1536 m) bietet sich wieder ein Ausblick auf die → **Mesaória-Ebene** und den Berg **Adelphi** (1613 m), den zweithöchsten Berg Zyperns. Nach Überschreitung des Gipfels führt der Pfad durch lichten Kiefernwald in Serpentinen zu einer Teerstraße an der Location **Doxa si o Theos** (»Zur Ehre Gottes«) (1300 m) hinab. Bis zu diesem Punkt, an dem sich eine Quelle befindet und wo der Einstieg zum gerade zurückgelegten Naturlehrpfad in umgekehrter Richtung möglich ist, wurden dann fast vier Kilometer zurückgelegt. (Wer möchte, kann an dieser Stelle auf dem gleichen Weg zurückkehren, dann beträgt die Wanderzeit insgesamt ungefähr 2:30–3 Std.).

Wir folgen der Straße 100 m nach rechts, verlassen sie links in der Kurve zwischen den Leitplanken und steigen hinab. Der teilweise an der Straße entlangführende Forstweg bringt uns zum tiefstgelegenen Punkt der Strecke, die Location **Moutti tis choras** (1180 m). An der etwas verwirrenden Straßenkreuzung orientieren wir uns rechts. Zu diesem Zeitpunkt sind wir gut 5,5 km gegangen. Die Beschilderung der Asphaltstraße zeigt die Entfernung nach Lagoudherá mit 10 km an. Später werden wir die Straße wieder überqueren, bis dahin gehen wir auf dem **Forest Trail** zur Location **Selladhi Karamalli** in 3,8 km Entfernung (braunes Hinweisschild mit weißer Schrift). Der schöne

Forstweg schlängelt sich durch den Adelphi-Wald und lässt noch nichts von dem späteren Anstieg zum Startpunkt erahnen.

Bei der Location Selladhi Karramalli treffen wir wieder auf die Landstraße nach → **Lagoudherá**. Das Verkehrsschild zeigt an, dass es noch 4 km bis dorthin sind. Wenn wir auf die rechte Straßenseite schauen, sehen wir am Hang den weißen Gedenkstein mit dem Fotoporträt eines zypriotischen Widerstandskämpfers. Unser Weg führt leicht links versetzt davon bergan durch den Wald.

Nun beginnt der vor allem im Sommer anstrengende Wegabschnitt. Sollte dem Wanderer der Mut schwinden, so hilft der immer wiederkehrende

Endpunkt des Naturpfades, der auch in umgekehrter Richtung begangen werden kann.

Ausblick auf das Ziel, die **Feuerwachstation** auf dem Adelphi, die auch tatsächlich erreicht werden will. Trotz der oft scheinbar greifbaren Nähe zieht sich der Weg, da noch einige Talabschnitte zu durchqueren sind. Wie um den Wanderer noch einmal zu erfrischen, taucht am Fußpunkt des letzten Anstieges rechts am Weg eine **Quelle** mit Trinkwasser auf, die auch im Sommer Wasser führt. Links davon befindet sich ein roh gezimmerter Picknickplatz. Es bietet sich an, hier zu pausieren, denn der folgende Wegabschnitt stellt die Kondition erneut auf die Probe. Wenn man sich leise verhält, zeigt sich, dass die Quelle auch von Tieren und Vögeln genutzt wird: Besonders Rebhühner, Eichelhäher und Falken sind häufig zu beobachten. Vom Picknickplatz steigt der Weg nun kontinuierlich auf und verlässt bald die Deckung der Bäume. Wenn man im Sommer unterwegs ist, fordert die Sonne ihren Tribut, so dass gut 1 Std. für den letzten Wanderabschnitt einzuplanen ist. Die Mühen werden aber immer wieder durch herrliche Aus-

Tipp

Kulinarische Route

Zypriotische Spezialitäten und einiges mehr lassen sich in einer Rundwanderung um den Ort Agrós »erwandern«. Informationen über den Wegverlauf gibt es im Hotel Rodon, wo auch der Ausgangspunkt der 2 ½-stündigen Wanderung ist.

19

Rosenwasser

Wer in der Blütezeit der Rosen in der Region von Agrós unterwegs ist, sollte es nicht versäumen, bei der Herstellung von Produkten aus Rosenwasser dabei zu sein. Seit Beginn des 20. Jahrhunderts züchtet und pflegt die Familie Tsolakis Rosen und destilliert Rosenwasser. So entstehen z. B. Rosenlikör, Rosengeist, Rosensüßigkeiten, Rosenseife und vieles andere mehr mit der Duftnote der Rose.

blicke belohnt. Wenn man die Feuerwachstation vor Augen hat, bekommt man häufig noch ein freundliches Winken des Beobachtungspostens zur Begrüßung. Sollten die Beine uns noch tragen und die Kondition immer noch nicht verbraucht sein, bietet sich eine einstündige **Verlängerung** der Wanderung an. Diese Verlängerung ist auch für jene möglich, die den ersten Teil dieser Wanderung nur bis Doxa si o Theos und wieder zum Ausgangspunkt zurückgegangen sind (Dauer insgesamt 2:30–3 Std.). Der ausgeschilderte Weg **Tisia Tis Madharis** ist gleichfalls wieder ein Naturlehrpfad der CTO (Cyprus Tourism Organisation), beginnt etwas links unterhalb des Feuerausgucks und führt auf einer Länge von 3,5 km um den Berg Adelphi herum. Wieder eröffnen sich hinreißende Weitblicke über die weite Mesaória-Ebene und seltsame Felsformationen. Endpunkt ist ein ungenutztes Steinhäuschen an der Sandstraße, die uns zu unserem **Ausgangspunkt**, dem Beginn des Madhari-Naturlehrpfades, gebracht hat. Gut 1 km führt sie uns wieder bergan zur Feuerwachstation. Dort sollten wir noch einmal den herrlichen Ausblick genießen.

Feuerwachstation auf dem Adelphi

20 Stavrós tou Agiasmáti, Panagiá tou Arakou

Wanderung zwischen Scheunendachkirchen: Stavros tou Agiasmáti –
Bergrücken – Panagiá tou Arakou in Lagoudherá   Karte: C 3

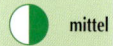 mittel

 8 km

 2 ½ Std.

 ↑ 500 m ↓ 200 m

 ja

Tourencharakter: Wanderung auf gut begehbaren Pfaden; sie beginnt mit einem steilen, längeren Aufstieg von der Kirche Stavrós tou Agiasmáti (830 m) zum höchsten Punkt der Wanderung auf 1200 m, um dann wieder nach Lagoudherá (1000 m) hinabzuführen. Der Wegverlauf ist durch die Markierungen leicht zu finden.
Beste Jahreszeit: Das ganze Jahr; im Sommer starke Sonneneinstrahlung, daher besser die Morgen- oder Nachmittagsstunden wählen.
Ausgangspunkt: Torbogen des Naturlehrpfades in der Nähe der Kirche Stavrós tou Agiasmáti.
Endpunkt: Die Ortschaft Lagoudherá.
Wanderkarte: Keine.

Markierung: Gelegentlich kleine braune Holzpfeile, Beginn und Ende durch Holzhäuschen gekennzeichnet.
Verkehrsverbindung: Taxi oder Mietwagen zum Ausgangspunkt. Von Agrós fährt man die Straße nach Chandria und biegt dort Richtung Lagoudherá ab. Nach etwa 3 km hält man sich rechts nach Polystypos und Livadia zur Kirche Stavrós tou Agiasmáti. Keine Busverbindungen.
Einkehr: Unterwegs keine, am Ende der Wanderung in Lagoudherá, oberhalb des Dorfes liegt die urige Madharí-Taverne.
Unterkunft: In Agrós im Hotel Rodon; Treffpunkt für Wanderer.
Tourist-Info: Im Hotel Rodon.

Zwei für das Tróodos-Gebirge typische Scheunendachkirchen sind Ausgangs- und Endpunkt dieser Wanderung auf einem alten Eselspfad: Die durch ihre Lage in den Bergen reizvolle kleine Kirche Stavrós tou Agiasmáti und eines der wertvollsten Kunstdenkmäler Zyperns, die Klosterkirche von Lagoudherá.

Typisch für das Tróodos-Gebirge sind die Scheunendachkirchen, die wir auf dieser Wanderung besichtigen können.

Der Wegverlauf

Vom Kirchlein **Stavrós tou Agiasmáti** aus folgt man der Beschilderung »Nature-Trail« und biegt an einem kleinen Holzhäuschen links ein. Die Kirche aus dem 15. Jh. gehört zu den Scheunendachkirchen, deren Dach bis auf eine Stützmauer heruntergezogen ist. Da die Insel zur Zeit der Erbauung unter der Herrschaft der Lusignan stand, überrascht der westliche Einfluss in den Freskenmalereien nicht. Unter den dargestellten Heiligen ist die Figur des auf dem Löwen rei-

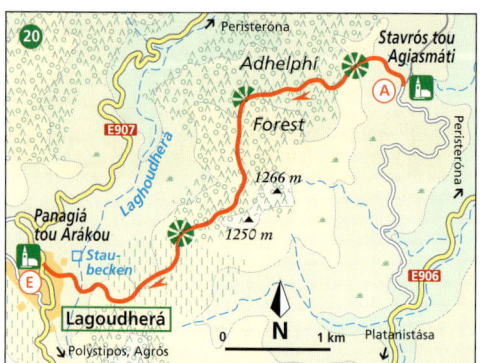

20

tenden hl. Mámas hervorzuheben. Er genießt auf Zypern große Verehrung, da er als Heiliger für Steuerprobleme gilt. Gut, dass es solche Heilige gibt!

Der Naturlehrpfad steigt stetig durch lichten Kiefernwald an und bietet weite Ausblicke auf die leicht bewaldeten Berghänge des Tróodos. Je höher man hinaufkommt, desto deutlicher zeichnen sich die → **Mesaória-Ebene** und das → **Kyrénia-Gebirge** in der Ferne ab. Unter den Kiefern wachsen Zistrosen, Mastix und vereinzelte Terpentinpistazien. Der Naturlehrpfad erreicht einen Bergrücken, den er überquert, um auf der anderen Seite nach links hin leicht bergab zu führen.

Rechter Hand liegt ein tiefes Tal mit der Verbindungsstraße Lagoudherá-Nicosia. Schließlich steigt der Pfad erneut leicht an und überquert einen Bergsattel (1 Std.). Auf der anderen Seite führt er langsam wieder hinab. Man geht nun zwischen Weinstöcken und Mandelbäumen hindurch. Nachdem man einen kleinen Bergeinschnitt durchquert hat, sieht man an einem Berghang das Dorf Lagoudherá und dessen Staubecken (1:45 Std.). Der Pfad kreuzt wenige Minuten später diagonal einen Feldweg und führt nun direkt in den Ort → **Lagoudherá** (2:30 Std.) hinein, wo der Naturlehrpfad endet und mehrere Kafenía zur Einkehr einladen. Nach einer Stärkung gehen wir durch den Ort zur Straße nach Polystipos zur Scheunendachkirche **Panagía tou Arákou** (= Muttergottes von der Erbse) aus dem 12. Jh. hinauf.

Scheunendachkirche Panagiá tou Arakou in Lagoudherá

21 Um Melissovoúnos und Ágios Neóphytos

Einsiedelei am Fuße des Bienenberges: Kloster Ágios Neóphytos – Melissovoúnos – Kíli – Kloster Ágios Neóphytos

Karte: B 1

 mittel

 8 km

 2 Std.

 ↑ 250 m ↓ 250 m

 ja

Tourencharakter: Rundwanderung sowohl über Teerstraßen als auch auf schmalen Pfaden. Anfänglich starker Anstieg vom Kloster (400 m) auf eine Höhe von 590 m (Melissovoúnos) und weiter zur Ortschaft Kíli (600 m). Am Ende der Wanderung steiler Abstieg zum Kloster.

Beste Jahreszeit: Das ganze Jahr; im Sommer starke Sonneneinstrahlung, daher besser die Morgen- oder Nachmittagsstunden wählen.

Ausgangspunkt: Kloster Ágios Neóphytos.

Endpunkt: Wie Ausgangspunkt.

Wanderkarte: Keine.

Markierung: Keine.

Verkehrsverbindung: Taxi oder Mietwagen zum Ausgangspunkt. Von Páphos über die E 707 entlang der Ortschaften Empa und Tala. Von Norden oder Süden kommend der B 7 folgen, dann die Ausschilderung beachten. Keine Busverbindung.

Einkehr: In der Klostertaverne des Klosters Ágios Neóphytos.

Unterkunft: In Páphos großes Hotelangebot.

Tourist-Info: Páphos, Gladstone Str. 3, Tel. 06/23 28 41, im internationalen Flughafen, Tel. 06/42 28 33.

Eremitenklause vom Hl. Neóphytos aus dem 12. Jh.

Eines der bedeutendsten Klöster Zyperns ist das aus einer Einsiedelei entstandene Kloster Agios Neóphytos. Nicht nur seine Einmaligkeit, sondern auch seine besondere Lage in einem tiefen Einschnitt unterhalb des Melissovoúnos, des »Bienenberges«, ist landschaftlich sehr reizvoll.

Der Wegverlauf

Ausgangspunkt ist der Parkplatz beim → **Kloster Ágios Neóphytos**. Wir gehen zunächst an der Abzweigung nach Tala vorbei zurück nach Páphos. Nach etwa 700 m sieht man ein steinernes Lagerhaus an der linken Straßenseite, davor biegt man scharf links in einen Wirtschaftsweg ein. Zwischen Weinbergen steigt man steil bergan und wird für den Aufstieg mit immer schöner werdenden Ausblicken

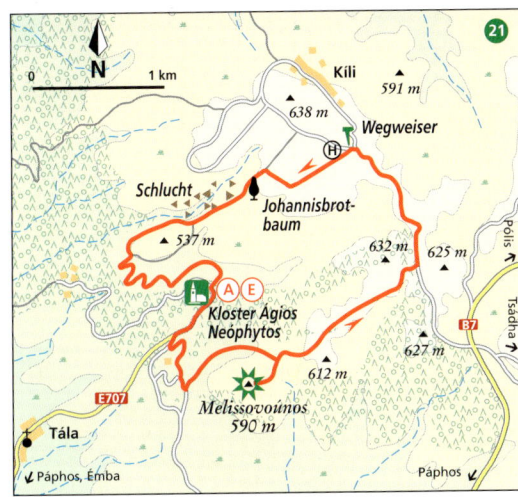

über das Tal und das Kloster Ágios Neóphytos belohnt. Nach ungefähr 300 m mündet der Weg in einen weiteren ein, und man hält sich wieder links. Wenig später erreicht man eine Teerstraße, der man einige Meter nach links folgt, um wiederum links in Richtung der Antennenanlagen weiterzugehen. Der 300 m lange Abstecher zum **Gipfel** des Melissovoúnos lohnt sich schon wegen der Aussicht auf → **Páphos** und die Küste.

Auf den Hauptweg zurückgekehrt, folgen wir ihm nun nach rechts. Leicht auf und ab wandert man auf einer Anhöhe zwischen Weinfeldern auf das Dorf **Kíli** (1 Std.) zu. Der dominierende Weg endet dabei in einer Teerstraße, die nach links zum Ort führt. Nach etwa 1 km passiert man zwei Wegweiser nach Kíli; gegenüber dem zweiten Wegweiser steht ein Buswartehäuschen. Wenige Meter hinter diesem **zweiten Wegweiser** biegen wir links auf eine Seitenstraße. Sie führt an einem frei stehenden Haus vorbei, macht einen Rechtsknick und endet nach 500 m vor einem Weinfeld. Hier geht man nach links zwischen den Weinbergen hinab und genießt dabei herrliche Ausblicke auf die Küste.

Bei der folgenden Kreuzung mit einem großen **Johannisbrotbaum** geht man, leicht nach links versetzt, geradeaus weiter bergab. Nach 200 m biegen wir an einer Verzweigung nach rechts und erblicken rechts eine Schlucht. Der Weg biegt links zum Melissovoúnos ab; kurz hinter der Abzweigung gehen wir einen steilen Pfad nach rechts hinab. 25 m weiter achten wir auf einen steinigen, kaum sichtbaren Pfad, der links stetig absteigend zum Kloster führt. Währenddessen bietet sich immer ein Blick von oben auf das **Kloster Ágios Neóphytos** mit seiner herrlichen Kuppel, der uns für den steilen Auf- und Abstieg reichlich entschädigt.

Man sollte für das berühmte Kloster Ágios Neóphytos genügend Zeit einplanen!

22

Durch die Ávagas-Schlucht

Auf eigenem Weg durch eine Schlucht: Eingang der Schlucht – Vermessungsstein 48 – Locality Lipati – Ausgangspunkt   Karte: C 1

 anspr.

 15 km

4 ¹/₂ Std.

↑ 300 m
↓ 300 m

Tourencharakter: Der größte Teil der Wanderung führt leicht bergan durch eine Schlucht, wo man sich den Weg meist selber suchen muss. Nach dem Ausstieg aus der Schlucht geht es über ein freies Feld einen Hang hinauf. Am Kamm leitet dann ein Forstweg den Wanderer in weiten Serpentinen zum Ausgangspunkt zurück.

Beste Jahreszeit: Alle Jahreszeiten. Im Winter kann der Bach vermehrt Wasser führen und den Weg noch schwieriger gestalten bzw. die Wanderung unmöglich machen. Im Sommer blühen die Oleanderbüsche besonders prächtig.

Ausgangspunkt: Strand vor der Schlucht Ávagas.

Endpunkt: Wie Ausgangspunkt.

Wanderkarte: Keine.

Markierungen: Keine.

Verkehrsanbindung: Keine Busverbindung, daher Taxi oder Mietwagen zum Strand vor der Schlucht. Von Páphos

führt die Anfahrt auf der Küstenstraße E 706 über das Kap Drepanon oder von Pólis kommend über die alte Hauptstraße E 709 mit Abzweigung nach rechts in Pegeia.

Einkehr: Zu Beginn der Wanderung liegt auf einer kleinen Anhöhe die Taverne The Last Castle; während der Wanderung keine Quelle und keine Einkehrmöglichkeit.

Unterkunft: Páphos, Park Mansion, P. Melas Street 16, CY 8047 P.O. Box 61168, Tel. 06/24 56 45; Fax 06/24 64 15 oder Hotel Natura Beach***, Pólis 8820, CY 8820 ; P.O. Box 66162, CY 8831 Páphos, Tel. 06/32 31 11; Fax 06/32 28 22;
E-Mail natura@cytanet.com.cy;
Internet www.natura.com.cy.

Tourist-Info: Pafos, Gladstone Str. 3, Tel. 06/23 28 41; im internationalen Flughafen, Tel. 06/42 28 33.

Die Durchquerung der mit Oleander und Schilf bewachsenen Schlucht führt durch das Reich der Schlangen.

Sie gehört zu den eindrucksvollsten Naturdenkmälern Zyperns, die Schlucht des Ávagas. Heute nur noch ein schmaler Bach, fraß sich der Ávagas-Fluss einst durch den weichen Kalkstein, um sich seinen Weg zum Meer zu bahnen.

Tipp

Strand von Lára

Wer sich in den Fluten des Mittelmeers abkühlen möchte, kann dies an Ort und Stelle tun oder 3 km nördlich am Strand von Lára. Der berühmte Schildkrötenstrand bietet außerhalb der Schutzzeiten einen der schönsten Sandstrände. Ein Informationskiosk informiert über das Schutzprojekt zur Rettung der seltenen Meeresschildkröten.

Der Wegverlauf

Die Wanderung durch die Schlucht des Ávagas ist noch ein kleines Abenteuer, da die meisten Einheimischen dem Wanderer davon abraten. So werden geführte Wanderungen angeboten, mit Führern, die jeden Stein in der Gegend kennen. Die meisten Wanderer finden den Ausstieg nicht, da sie vorher den Mut verlieren. Dies wird bei einigen noch unterstützt, wenn sie auf die Schlangen stoßen, die sich hier im Sommer vor der Hitze verstecken. So ist jedoch garantiert, dass man nach kurzer Wegstrecke allein in der Schlucht ist. Etwas weniger Beherzte können, wie es die meisten tun, ein Stück in die Schlucht hineingehen und auf dem gleichen Weg wieder zurückkehren.

Ausgangspunkt ist der **Strand von Ávagas**, wo wir auch ein Hinweisschild »Avakas Gorge 1,5 km« finden. Dem Wegweiser folgend, führt die Staubstraße langsam den Hang hinauf. Rechts im Tal begleitet uns eine Zitrusplantage, während links oben am Hang die **Taverne** The Last Castle auftaucht. Wir gehen an ihr vorbei und erreichen das Ende der Plantage. Dort gabelt sich der Weg, der rechte wird unser Rückweg sein, der linke führt uns direkt zum Eingang der Schlucht. Die Hinweistafel macht den Besucher darauf aufmerksam, dass nach starken Regenfällen der Fluss sehr schnell anschwellen kann. Dann ist von einer Wanderung in jedem Fall abzuraten. Wenn

Bach, der sich durch den weichen Kalkstein gefressen hat

man jedoch bei trockenem Wetter die Mündung der Schlucht passiert hat, erkennt man einen anfänglich noch ausgetretenen Pfad, von dem wir uns führen lassen. Die hohe Vegetation deutet uns an, dass hier lange keine großen Wassermassen geflossen sind. Je weiter wir in die Schlucht eindringen, um so schmaler wird sie. Bald scheinen sich die Felswände an ihrem oberen Rand zu berühren. Rechts geht man an einem auch im Sommer nicht ausgetrockneten kleinen Wasserfall vorbei. Nach gut 1 Std. verlieren sich langsam die Spuren von anderen Wanderern. Schließlich wird die Schlucht wieder breiter und lichter, wir sind zumeist allein. Der Weg durch die Schlucht wird nun auch beschwerlicher, häufiger muss

22

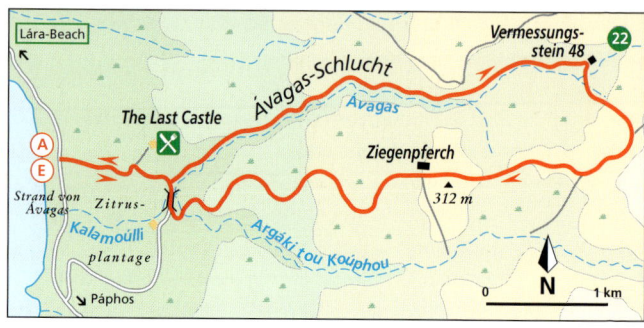

man über Felsbrocken steigen. Viele sind noch kaum verwittert, was andeutet, dass sie erst seit den letzten kleinen Erdbeben hier liegen. Die Ausblicke in der Schlucht verändern sich ständig, so dass man immer wieder innehält. Wenn man Geräusche hört, kommen sie fast immer von den Ziegen, die sich an den weniger steilen Wänden der Schlucht aufhalten und teilweise auch ihren Weg in die Schlucht gefunden haben. Mit Steinschlag ist dann immer wieder zu rechnen, da die Tiere hin und wieder Geröll lostreten. Langsam beginnt der Wald immer stärker über die Hänge in die Schlucht hineinzuwachsen (2 Std.).

Tipp

Bei Schlangen-Georg

Wer auf der Wanderung nicht auf sie gestoßen sein sollte, kann dies bei »Schlangen-Georg« nachholen. Hier kann man die Reptilien Zyperns betrachten und ihre Harmlosigkeit für den Menschen erfahren (siehe S. 133).

Sobald wir den **weißen Vermessungsstein 48** erblicken, orientieren wir uns nach rechts. Über einen Ziegenpfad, der sich durch den Wald hinaufwindet, verlassen wir die Ávagas-Schlucht. An dieser Stelle ist sie nur noch etwa 10 m tief.

Gleich nach dem Verlassen des lichten Waldes eröffnet sich ein Blick in ein **natürliches Amphitheater**. Am Scheitelpunkt befindet sich der Wirtschaftsweg, den es zu erreichen gilt. In der Mitte des »Theaters« steht ein einsamer Baum. Von diesem erblicken wir links oben die Ortschaft **Páno Arodes** und rechts einen 321 m hohen Bergkamm, den es zu überqueren gilt. Da es keinen Weg gibt, steigen wir, uns an der Beschaffenheit des Geländes orientierend, zum Kamm des Talkessels hinauf. Oben angekommen, stehen wir auf einer Staubstraße, der wir nach rechts folgen. Bei einer Weggabelung, mit einem Abzweiger links ins Tal hinunter, bleiben wir auf der Piste, die gerade-

Den Weg selbst zu finden ist nicht schwierig, bringt aber doch ein prickelndes Gefühl.

22

Tipp

Süße Versuchung

Eine traditionelle Süßigkeit ist das **soujoukko** bzw. **dschudschuko**, das an eine Perlenkette aus Wachs erinnert. Diese Delikatesse besteht aus Mandeln, die auf einen Faden aufgezogen werden. Das Ganze wird dann in heißen Traubensaft getaucht, der sich in dicken Schichten um die Mandeln legt. Schließlich wird die Schnur zum Trocknen aufgehängt. Eine gute Wegzehrung für unterwegs, schmilzt garantiert nicht in der Sonne.

aus über den schon erwähnten Bergkamm führt. Hinter dem Kamm liegt ein Plateau, wo uns die unvermeidlichen Ziegen wieder begegnen.

Wir bleiben auf dem Wirtschaftsweg (Abzweigungen nicht beachten!), der bald bergab führt und den Blick auf die Küste freigibt. Im Nordwesten liegt der → **Lára-Strand**, im Südwesten das **Kap Drepanon** mit der Kirche Ágios Gregórios, die wir bei der Anfahrt zur Ávagas-Schlucht gesehen haben. Nun windet sich der breite, gut begehbare Weg langsam zum Meer hinab. Vorbei an der **Locality Lipati** gehen wir durch eine typische Mittelmeerlandschaft, die **Garrigue**, auf Zypern **Phrygana** genannt. Nach einer guten Wegstrecke, die immer weiter bergab führt, erkennt man unten im Tal die **Zitrusplantage**, die uns auf dem Hinweg begleitet hat. Wir kehren in einer großen Rechtskurve zu ihr zurück. Nun geht der Weg wieder auf dem uns schon bekannten Anfangsstück unserer Wanderung zum **Strand von Ávagas**.

Felsbrocken in der Ávagas-Schlucht

23 Zwischen Panagiá und Chrysorrogiátissa

Durch die Weinberge des Propheten Elias: Páno Panagiá –
Feuerwachstation – Eliaskirche – Kloster Chrysorrogiátissa   Karte: C 2

 mittel

 12 km

 3 ¼ Std.

 ↑ 500 m ↓ 500 m

Tourencharakter: Der anfänglich recht steile Aufstieg entschädigt später mit Weitblicken über das Tróodosmassiv bis hin zur Küste. Wanderung auf überwiegend bequemen Wegen.

Beste Jahreszeit: Im Herbst zur Weinlese, wenn sich das Weinlaub verfärbt, am schönsten, im Sommer starke Sonneneinstrahlung, dann immer mehr Zeit einplanen. Das ganze Jahr über möglich.

Ausgangspunkt: Ortsausgang von Páno Panagiá Richtung Kloster.

Endpunkt: Wie Ausgangspunkt.

Markierung: Vereinzelt Hinweisschilder aus braunem Holz.

Wanderkarte: Keine.

Verkehrsanbindung: Mit dem Taxi oder Mietwagen von Paphos ein Stück die B 7 nach Pólis. Auf der Höhe von Tsada biegt man dann rechts Richtung Kloster (ausgeschildert) in die Berge ab. Keine Busverbindung.

Einkehr: In der Kloster-Taverne kurz vor dem Ende der Wanderung; auf dem Picknickplatz gibt es eine Quelle, die auch im Sommer fließt.

Unterkunft: Hotel Oniro*, Panagiá Village, CY 8640, Tel. 06/72 24+34, Fax 06/72 29 29.

Tourist-Info: Nächste in Páphos.

Páno Panagiá ist der Geburtsort von Makarios III. und liegt ganz in der Nähe des berühmten Klosters Chrysorrogiátissa. Zu sehr weltlichem Ruhm kam es durch die Kunst der Mönche, einen edlen Wein zu keltern. Der Weg führt durch deren Weinfelder an den Hängen des Berges des Propheten Elias entlang.

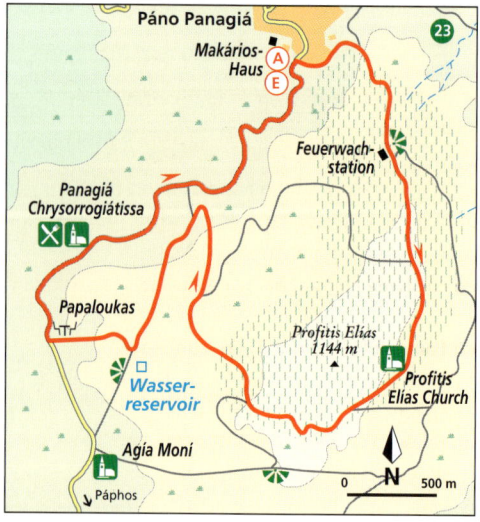

Der Wegverlauf

Kurz vor dem Ortsausgang von Páno Panagiá in Richtung Páphos führt links eine sehr steile Asphaltstraße den Berg hinauf zu einem Schulgelände. An dem Eckhaus befindet sich die Hinweistafel zum **Panagiá Vouni Path**, dem wir folgen. Ab dem Schulhof wird die Teerstraße zu einem breiten Forstweg, der ein Stück neben einer Natursteinmauer her verläuft. Der Weg gewinnt schnell an Höhe und erreicht bald die ersten Wein-

23

Üppiges Grün und Felsformationen begleiten den Wanderer auf seinem Weg.

terrassen. Ein Blick zurück lässt uns im Tal → **Panagiá** erkennen und den dichten → **Wald von Páphos**.

Nachdem wir ein Weinfeld durchschritten haben, sieht man gerade voraus schon die braunen Pfeile mit der weißen Spitze, die gelegentlich den Weg markieren. Nun erscheint auch der **Feuerwachturm** zur Rechten, die erste Station der Wanderung. Hier wachen Nicos oder einer seiner Kollegen Tag und Nacht über die im Sommer extrem trockenen Wälder. Von dem 1140 m hohen Aussichtspunkt hat man im Osten einen Blick über → **Plátres** bis hin nach → **Limassol**, im Westen bis zur Halbinsel → **Akámas**. Da der Posten sehr einsam ist und Nicos Gastfreundschaft schätzt, bekommt man schnell ein Bier oder den guten Mokka angeboten. Die Unterhaltung erfolgt auf Griechisch und per Fingersprache.

Den Feuerwachturm verlässt man nach rechts, entgegen der etwas verdrehten Ausschilderung. Weiter durch üppige Weinfelder gelangt man zur kleinen Kirche **Profitis Elias**. Bald darauf führt der Weg in Serpentinen den Hang hinunter. Begleitet wird er durch immer wieder wechselnde Ausblicke auf die die Phantasie anregenden Felsen des Prophetenberges. Im Tal sieht man das Kloster Agia Moni, das heute als Gästehaus des Klosters Chrysorrogiátissa genutzt wird. Gut 1 Std. sind wir dem dominierenden Forstweg gefolgt, bis wir an einer T-Kreuzung ankommen.

Die Wegweiser deuten rechts nach **Panagiá** (1 km) und links zum → **Panagiá Chrysorrogiátissa** (1,7 km). Nach links einbiegend verliert der Weg weiter an Höhe und erreicht den an der Teerstraße nach Páphos liegenden **Picknickplatz Papaloukas**. Nun geht man auf der Straße, bis links das **Kloster** erscheint. Von dort ist es dann noch gut 1 km bis zum **Endpunkt** der Wanderung.

Der Gang durch die Weinfelder macht Appetit auf den Klosterwein in der Taverne.

24 Auf den Pissouromoútti

Ausblicke von Bucht zu Bucht: Néo Chorió – Picknick Smíyes – Pissouromoutti – Picknick Smíyes – Néo Chorió   Karte: C 1

○ leicht

🥾 7 km

🕐 3 ¼ Std.

↑ 300 m
↓ 300 m

☺ ja

Tourencharakter: Leichte und relativ kurze Wanderung auf Bergpfaden, die Ausblicke eröffnet, Vertrautes wieder erkennen lässt und auf Unbekanntes neugierig macht. Die Wanderung eignet sich gut, um einen Überblick über das Akámas zu bekommen.
Beste Jahreszeit: Wanderung für das ganze Jahr, im Frühling herrliche Blütenpracht. Im Sommer ist besonders die Zeit vor Sonnenuntergang zu empfehlen.
Ausgangspunkt: Picknickplatz Smíyes.

Endpunkt: Picknickplatz Smíyes oder Néo Chorió.
Markierung: Braune Holztäfelchen.
Wanderkarte: Keine.
Verkehrsanbindung: Mit dem Mietwagen oder dem Taxi von Pólis nach Néo Chorió. Keine Busanbindung.
Einkehr: Während der Wanderung keine Möglichkeit, in Néo Chorió mehrere Tavernen.
Unterkunft: Tourist-Villas Kaneeta, Néo Chorió, CY 8852, Fax 02/35 46 78.
Tourist-Info: Pólis, Agiou Nikolaou Street, Tel. 06/32 24 68.

Die Akámas-Halbinsel bietet eine reiche Naturvielfalt und herrliche Ausblicke auf die Küste, an deren Strände die seltenen Mönchsrobben und die Meeresschildkröten ihre Heimat haben.

Der Wegverlauf

Die Wanderung stellt keine hohen Ansprüche an die Kondition und belohnt den Wanderer am Ende mit einem herrlichen Rundblick über die Akámas-Halbinsel und ihre Buchten. Geübte Wanderer können die Wanderung gleich an den → **Smíyes-Naturlehrpfad** anschließen und erst danach zum Ausgangspunkt der Kirche von **Néo Chorió** zurückkehren. Sollte man nur auf den Pissouroumoútti

*Kirchlein
Ágios Minás*

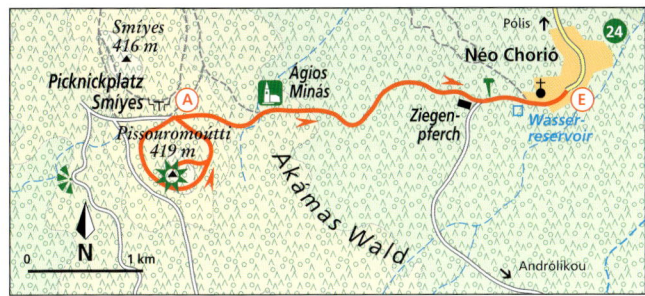

24

steigen, verlässt man den Ort links bei der Kirche über die enge As-phaltstraße. Die Straße teilt sich nach kurzer Wegstrecke an einer Gabelung. Hier findet man einen Ziegenpferch, in dem meist reges Treiben herrscht. Der linke Weg führt nach Androlikou, das 1974 von den türkischen Bewohnern aufgegeben wurde. Rechts folgt man dem Wegweiser zum Smíyes-Picknickplatz. Der breite Feldweg führt uns vorbei an der schmucklosen Kirche **Ágios Minás**, vor der ein Lappenbaum steht.

Später erreicht man dann den **Picknickplatz Smíyes** (50 Min.). Am linken Rand des Platzes erblickt man einen hölzernen Torbogen, der den **Pissouromoutti Foot Path** ankündigt. Der schmale Wanderpfad windet sich gegen den Uhrzeigersinn zur Bergspitze hinauf. Der anfänglich steile Weg wird bald sanfter, und die lichtere Vegetation gibt den Blick frei auf die Westküste von Akámas. In südwestlicher Richtung erkennt man das Kap der → **Lárabucht**, wo die seltenen grünen Meeresschildkröten ihre Eiablageplätze haben. Weiter windet sich der Weg links um den Berg herum, bis man an ein Hinweisschild zum **Viewpoint** gelangt.

Auf der Spitze angekommen, lädt der Ort zum Verweilen und einfach nur zum Schauen ein. Da die Spitze des Pissouromoutti zu den höchsten Erhebungen der Akámas-Halbinsel gehört, hat man herrliche Aussicht auf Bekanntes oder Unbekanntes, je nachdem, wie lange man schon auf Zypern verweilt. Für den Rückweg gehen wir bis zum Hinweisschild zurück und biegen dann links wieder in den Rundweg ein. Unser Blick fällt dabei auf die Bucht von Chrysochou mit dem Touristenort → **Pólis**. Beim Picknickplatz angekommen, wenden wir uns nach rechts, um auf den uns schon vertrauten breiten Forstweg zwischen Johannisbrot-, Feigen- und Ölbäumen nach **Néo Chorió** zu gelangen.

Von der Bergspitze des Pissouromoútti hat man einen Rundblick über die Naturschönheiten und kann einfach nur verweilen.

25 Der Naturlehrpfad Smíyes

Felsformationen, Magnesiummine und Rebhühner: Néo Chorió – Picknickplatz Smíyes – Quelle – Magnesiummine – Néo Chorió   Karte: C 1

 mittel

 14 km

 4 ¼ Std.

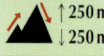 ↑ 250 m ↓ 250 m

☺ ja

Tourencharakter: Nach einem anfänglich leichten Anstieg schöne Rundwanderung meist auf Forstwegen, die für die Wiederaufforstung angelegt wurden und heute als Feuerschneisen dienen. Der Feuerwachturm deutet auf den größten Feind des Waldes hin, das Feuer, das in den heißen und trockenen Sommern eine ständige Bedrohung darstellt.
Beste Jahreszeit: Wanderung für das ganze Jahr, im Frühling herrliche Blütenpracht.
Ausgangspunkt: Néo Chorió (oder Picknickplatz Smíyes).

Endpunkt: Néo Chorió (oder nur bis zum Picknickplatz Smíyes).
Markierung: Braune Holztäfelchen.
Wanderkarte: Keine.
Verkehrsanbindung: Mit dem Mietwagen oder Taxi von Pólis nur ein paar Kilometer über die Küstenstraße E 713 nach Néo Chorió. Keine Busverbindung.
Einkehr: Während der Wanderung keine Möglichkeit, in Néo Chorió mehrere Tavernen.
Unterkunft: Tourist-Villas Kaneeta, Néo Chorió, CY 8852, Fax 02/35 46 78.
Tourist-Info: Pólis, Agiou Nikolaou Street, Tel. 06/32 24 68.

Alter Schmelzofen einer stillgelegten Magnesiummine

Der Picknickplatz Smíyes ist Ausgangspunkt für mehrere Wanderungen über die Höhen des Akámas. Die Halbinsel wurde einst wegen ihrer reichen Magnesiumvorkommen ausgebeutet. Heute sind vor allem die Ziegen der Reichtum einiger weniger Hirten zum Schaden einer einzigartigen Natur.

Der Wegverlauf

Links an der Kirche von **Néo Chorió** vorbei verlassen wir auf einer schmalen Teerstraße den Ort in nordwestlicher Richtung. Die Straße steigt in einer Linkskurve leicht an, um sich dann in der Nähe eines **Ziegenpferches** zu gabeln. Wir schlagen den rechten Weg ein, der zu einer breiten Staubstraße wird und Richtung **Picknickplatz Smíyes** ausgeschildert ist. Während unseres Weges kommen wir an der kleinen Kirche **Ágios Minás** mit einem davor stehenden Fetzenbaum vorbei. Von der Kirche geht es weiter zum Picknickplatz (50 Min.). Hier gibt es alles, was ein Ausflügler braucht: Grillstellen, Ti-

25

Ein großes Problem bedeuten die Waldbrände; folglich trifft man immer wieder auf Feuerwachstationen.

sche und Bänke, WC-Häuschen, eine Trinkwasserquelle und einen Kinderspielplatz. Der Platz liegt in einem Einschnitt zwischen den zwei Bergrücken, auf der rechten Seite der Smíyes (416 m) und auf der linken Seite der Pissouromoutti (419 m).

Wir halten uns auf dem Picknickplatz rechts und suchen das hölzerne Hinweisschild zum **Smíyes-Naturlehrpfad**. Ab jetzt folgt man dem durch kleine Holztäfelchen bezeichneten Pfad. Der Pfad führt stetig am Hang hinauf, und bald erkennen wir rechts oben die **Feuerwehrstation** auf dem Smíyes. Die Station im Rücken, blickt man auf die Westküste des Akámas mit ihrem blauen Meer. Der Pfad

Ziegen-Muttertier, das wachsam nach seinen Jungen Ausschau hält

mündet in einen breiten Forstweg, der sich nach kurzer Zeit gabelt. Rechts führt er zum Fire Look Out, links wandern wir weiter zum Holztäfelchen Nr. 9. Wer möchte, kann hier eine kürzere Variante des Weges einschlagen, ansonsten ignoriert man die Tafel.

Durch lichte Kiefernwälder geht es weiter zu dem Wendepunkt der Route, die **Quelle** (1:50 Std.) mit den grünen Parkbänken. An dieser Stelle trifft man auf den → **Adonis-Lehrpfad**. Man folgt weiter der Ausschilderung des Smíyes-Pfades und erreicht den alten Kamin der **Magnesiummine** bei Täfelchen Nr. 18. Nun leitet uns der Weg auf die Ostseite des Bergrückens mit herrlichen Ausblicken auf die Chrysochou-Bucht mit dem Städtchen → **Pólis**. Schließlich erreichen wir wieder den **Picknickplatz Smiyies**. Von hier folgt man dem Weg, den man zu Beginn der Wanderung benutzt hat, nach **Néo Chorió**.

26

Von Néo Chorió Richtung Droúshia

Panoramaweg durch den Akámas-Wald: Smíyes – Wegweiser Lara – Wegweiser Droúshia – Wegweiser Néo Chorió – Smíyes   Karte: C 1

 mittel

 10 km

 3 Std.

↑ 200 m
↓ 200 m

Tourencharakter: Schöne, etwas längere, dabei aber nicht anspruchsvolle Wanderung auf Forstwegen über den Rücken des Akámas. Es bieten sich hier Ausblicke, die von Küste zu Küste reichen.
Beste Jahreszeit: Das ganze Jahr über möglich. Im Sommer starke Sonneneinstrahlung, daher die Morgen- oder Abendstunden wählen.
Ausgangspunkt: Picknickplatz Smíyes oder Néo Chorió.
Endpunkt: Wie Ausgangspunkt.

Markierungen: Keine, gelegentlich Wegweiser.
Wanderkarte: Keine
Verkehrsanbindung: Mit dem Mietwagen oder Taxi von Pólis nur ein paar Kilometer über die Küstenstraße E 713 nach Néo Chorió. Keine Busanbindung.
Einkehr: Während der Wanderung keine Einkehrmöglichkeit; in Néo Chorió mehrere Tavernen.
Unterkunft: Tourist-Villas Kaneeta, Néo Chorió, CY 8852, Fax 02/35 46 78.
Tourist-Info: Pólis, Agiou Nikolaou Street, Tel. 06/32 24 68.

Der Höhenweg führt über einen Bergrücken des südlichen Akámas. Wechselnde Schneisen bieten immer wieder Ausblicke auf die reizvolle Landschaft des Akámas oder die unter Naturschutz stehende Bucht von Lára, das letzte Refugium der Grünen Meeresschildkröte, das durch die Unvernunft des Menschen bedroht ist.

Der Wegverlauf

Der Ausgangspunkt dieser Höhenwanderung ist der schon bekannte Picknickplatz in **Smíyes**, ein Knotenpunkt für Ausflüge in den südlichen Akámas. Wer in Néo Chorió logiert, kann auch von der Kirche aus starten, dadurch verlängert sich die Distanz noch einmal um 6 km. Am Picknickplatz folgen wir diesmal dem Forstweg, der von Néo

Ziegenherde vor Lappenbaum, der Gebete unterstützen soll

26

> **Wunschbaum**
>
> Wer nach Zypern reist, sollte immer ein ausgedientes Stofftaschentuch dabei haben, denn seine Wege werden sicherlich einen **Wunschbaum** kreuzen. Sollte man sich einmal in einer misslichen Situation befinden, so hilft das angeknotete Tuch vielleicht darüber hinweg. Einen Versuch ist es auf jeden Fall wert.

Chorió kommt, weiter geradeaus gegen Westen. Bald stoßen wir nach einer Linkskurve auf einen **Wegweiser**. Wir folgen der Ausschilderung links nach Lára. Knapp 100 m weiter stehen wir erneut vor einem Wegweiser, dem wir diesmal nach rechts, nach Lára, folgen. Jetzt bieten sich beeindruckende Ausblicke auf das türkisblaue Meer mit dem Strand von → **Lára** und dem Kap Drepanum. Man folgt nun dem Forstweg, der sich in stetigem Auf und Ab immer unterhalb des Höhenrückens in Richtung Süden windet. Die Vegetation ist die uns vertraute wilde Macchie- und Phrygana-Vegetation.

Die Vegetation am Wegesrand ist niedrig und durch Zistrosen, Mastix und Ginstersträucher bestimmt.

Wieder stehen wir vor einem Wegweiser (50 Min.), diesmal folgen wir ihm Richtung **Droúshia**. Nach ein paar Metern sieht man runde **Wasserbecken** und wandert dort auf dem oberen Weg weiter. Immer weiter ansteigend, erreicht man den vierten Wegweiser (1:30 Min.). Bei dieser Wegkreuzung orientieren wir uns wieder zurück nach Néo Chorió (8 km). Somit biegen wir links in den Gratweg ein, der nach links weiter das Panorama der Lára-Bucht präsentiert und langsam auf der rechten Seite Ausblicke auf die Bucht um → **Pólis** freigibt.

Man orientiert sich beim Gehen in Richtung Spitze des **Pissouromoútti** und stößt später auf die Kreuzung, die wir zu Beginn der Wanderung passiert haben. Hinter einer Rechtskurve sind wir wieder am Picknickplatz in **Smíyes** (3 Std.) angekommen. Der Wanderer, der aus Néo Chorió kam, nimmt den gleichen Weg zurück, am Kirchlein **Ágios Minás** und der Kreuzung beim **Ziegenpferch** vorbei.

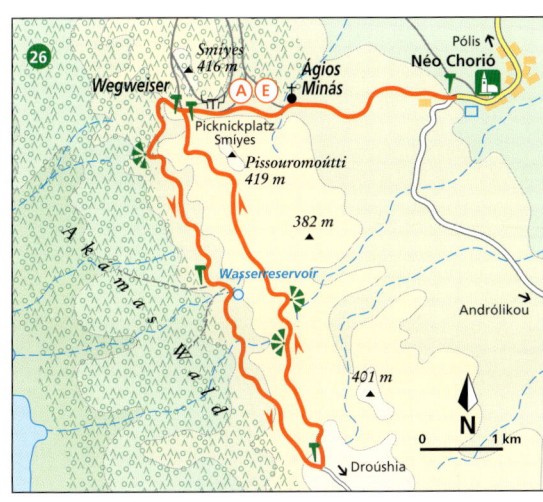

27

Der Wanderweg des Adonis

Durch das Refugium seltener Pflanzen: Bäder der Aphrodite –
Pýrgos tis Rigáenas – Quelle – CTO-Restaurant   Karte: C 1

mittel

8 km

3 Std.

↑ 300 m
↓ 300 m

Tourencharakter: Rundwanderung über die Höhen des Akámas mit einem steilen Anstieg zum Beginn der Wanderung (370 m), danach moderates Auf und Ab auf einem Forstweg zu einer Wegkreuzung mit Quelle. Der Rückweg führt durch eine kleine Schlucht hinab zur Teerstraße nach Pólis und weiter zum Parkplatz vor dem CTO (Cyprus-Tourism-Organisation)-Restaurant.
Beste Jahreszeit: Frühjahr zur Zeit der Blüte. Das ganze Jahr über möglich. Im Sommer muss man mit intensiver Sonneneinstrahlung rechnen, daher sind die frühen Morgenstunden oder der späte Nachmittag vorzuziehen.
Ausgangspunkt: Bäder der Aphrodite beim CTO-Restaurant.
Endpunkt: Wie Ausgangspunkt.
Wanderkarte: Keine.

Markierung: Braune Pfeile mit weißer Spitze, Holztäfelchen mit Pflanzenbezeichnungen.
Verkehrsanbindung: Mit dem Taxi oder dem Mietwagen von Pólis kommend auf der Küstenstraße E 713 nach Westen Richtung Bäder der Aphrodite. Vom Süden über die B 7 nach Pólis und weiter zu den Bädern der Aphrodite. In der Hauptsaison (Mai bis September) gibt es einen Pendelbusverkehr von Pólis zu den Bädern der Aphrodite.
Einkehr: Unterwegs keine; zwei Quellen an der Wanderroute sorgen für eine Erfrischung, am Ende der Wanderung Einkehrmöglichkeit im CTO-Restaurant.
Unterkunft: In Pólis im Natura Beach oder in Droúshia im Droúshia Heights.
Tourist-Info: Pólis, Agiou Nikolaou Street, Tel. 06/32 24 68.

Was wäre die griechische Mythologie ohne die Akámas-Halbinsel! Adonis ging in ihren Wäldern auf die Jagd, und als er aus einer Quelle trinken wollte, sah er die nackte Aphrodite beim Bade. Doch die Liebesquelle hat ihre Zauberkraft verloren, das Wasser ist heute nicht mehr trinkbar. Der Mythos aber blieb.

Ein Mönch bietet saftige Orangen feil.

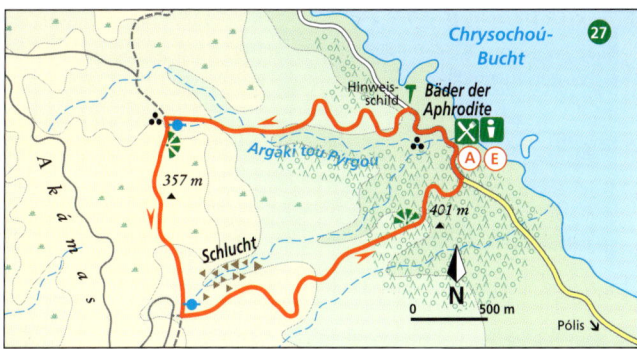

Der Wegverlauf

Der Wanderweg des Adonis hat einen gemeinsamen Teil mit dem der → Aphrodite, sodass man die Wege auch gut miteinander verbinden kann. Die berühmten **Bäder der Aphrodite** sind der Ausgangspunkt der Wanderung. Hier herrscht zumeist rege Betriebsamkeit. Vor den Bädern liegt ein großer Parkplatz, der teilweise zu dem **CTO (Cyprus-Tourism-Organisation)-Restaurant** gehört, das über einer kristallklaren Badebucht liegt. Vor dem Hinweisschild zu der berühmten Quelle steht meistens ein Kleinlaster mit Apfelsinenkisten. Ein Mönch verkauft die zuckersüßen Früchte, wobei es den Segen gratis gibt. Der Weg zum Bad der Aphrodite ist gepflastert, um den unterschiedlichen Schuhmoden Rechnung zu tragen.

Die Bäder der Aphrodite ziehen sowohl Zyprioten als auch Touristen gleichermaßen an.

Gleich zu Beginn des Lehrpfades bei Tafel Nr. 1 passiert man einen Johannisbrotbaum (Ceratonia siliqua). Dieser typische Mittelmeerbaum ist eine der ältesten Baumarten der Welt. Seine Früchte tragen auch den Namen »Schwarzes Gold«, da sie früher wichtiger Wirtschaftsfaktor waren und aus ihnen Speiseeis, Süßigkeiten und Kosmetika hergestellt wurden. Heute dienen sie hauptsächlich als Viehfutter. Der griechische Name kérato (=Horn) für die Schote führte zur Entstehung des Wortes Karat, da früher in Afrika und Indien die getrockneten Samen der Schoten zum Abwiegen von Gewürzen, Gold und Diamanten genommen wurden. Ihr Gewicht liegt nahezu konstant bei ca. 200 mg.

Steht man vor dem Bad, führt der Einstieg der Wanderung rechts über ein Metallgitter, unter dem die heilige Quelle austritt. Es folgt ein leichter Anstieg, und man erreicht die Küstenstaubstraße, die auch zum Campingplatz führt. Immer links haltend zweigt nach ungefähr

27

Meist wird der
Wanderer auf
dieser Tour
vom Geläut der
Ziegenglocken
begleitet.

100 m links ein Pfad ab, der sich in Kehren den Berg hinaufwindet. Dieser Weg ist markiert, doch geht man leicht am Schild vorbei. Der Pfad gewinnt ständig an Höhe, bis wir bei Punkt 12 zu einem Aussichtspunkt kommen. Unser Blick fällt dabei auf die **Bäder der Aphrodite** und die kleine Insel **Ágios Geórgios**. Das Kreuz erinnert an einen Taucher, der vor einigen Jahren in der Nähe sein Leben verloren hat.

Bald darauf folgt ein fast schnurgerader Aufstieg durch eine **Schneise** mit roter Erde und Kalksteinfelsen. Diese harte Kalksteinkruste ist auf Zypern als »Kafkalla« bekannt. Sie ist vor langer Zeit entstanden, als Kalziumkarbonat durch das Wasser von den Bergen nach unten getragen wurde und sich in dünnen Schichten auf sekundären Ablagerungen von Kalkmaterial sammelte. Die flachen roten Erdschichten werden gewöhnlich auf Kafkalla gefunden. Die Erde ist rot, weil Eisenoxide übrig geblieben sind, nachdem das Kalziumkarbonat ausgewaschen wurde. Wegen der Erosion ist die Erde meist nur in Mulden, Senken oder ähnlichem zu finden. Sowohl Kafkalla als auch die »Terra rossa« sind charakteristisch für den Mittelmeerraum.

Immer weiter aufsteigend sucht man sich seinen eigenen Weg über die Steine, Felsbrocken und Terrassen der Schneise. Im Rücken bietet sich beständig der Ausblick auf die Küste von Latsi und → **Pólis**. Hinter dem Schild Nr. 20 verlässt man die Route nach links; markantes Merkmal ist ein verrottendes Metallgestell, von einer alten Hinweistafel stammend. Durch die strauchige Vegetation hindurch kommt man zum Treffpunkt der beiden Pfade **Adonis** und **Aphrodite**. Die Stelle **Pýrgos tis Rigáenas** (= Die Zuflucht der Königin) ist eine Ansammlung von Ruinen eines mittelalterlichen Klosters mit Resten von Wandmalereien. Laut Mythologie war dies der Platz, wo Aphrodite Rast einlegte, wenn sie von den Bädern zurück zum Aphrodite-Heiligtum schritt.

Unter einer riesigen Eiche befindet sich eine Quelle zur Erfrischung, die auch im Sommer Wasser führt. Von dort aus geht man nun geradeaus auf dem Adonis-Lehrpfad weiter und steigt zunächst durch lichten Kiefernwald den Hügel hinauf. Im Frühjahr ist dieser Abschnitt am Wegesrand mit vielen seltenen Orchideen bestanden. Auf dem nun folgenden breiten Forstweg schreiten wir langsam bergab, bis wir an eine zweite **Quelle** gelangen. Hier trifft sich der → **Smíyes-Lehrpfad** mit dem Adonis-Weg. Während der Wanderungen fragt man sich häufig, warum so relativ viele Forstwege die Landschaft durchschneiden. Ursprünglich dienten sie zur An- und Abfahrt zu den Wiederaufforstungsgebieten, heute dienen sie als Brandschneisen gegen den schlimmsten Feind des Waldes, das Feuer. Wer im Sommer auf Zypern wandert, wird dies gut nachvollziehen können. Ab der Quelle geht der Weg etwas oberhalb einer **kleinen Schlucht** mit hohen Steilwänden hinunter zum Meer. Bei Tafel B 35 begegnet uns eine Myrte (Myrtus communis), ein dekorativer Strauch, der zu den alten Gewächsen zählt, die die Eiszeit überlebt haben. Gewöhn-

lich wächst die Myrte in der Nähe von Wasserquellen und in feuchten Gebieten; bis auf 1700 m Höhe ist sie über ganz Zypern verbreitet. Als Symbol der Liebe und des Friedens wird die Myrte seit Urzeiten als heilig angesehen und zum Dekorieren von Kircheneingängen, Schulen und anderen staatlichen Gebäuden anlässlich von Festlichkeiten benutzt. In Anatolien war sie auch eine traditionelle Hochzeitsblume für die Braut, Symbol der Jungfräulichkeit. Die Rinde, die Blätter und die Blüten produzieren ein Öl, welches unter dem Namen »Eau D'Agnes« bekannt ist und für die Parfümerie genutzt wird. Als Badezusatz wirkt das Öl entspannend, befreiend für die Atemwege und wohltätig für die Haut.

Wenn wir die Schlucht durchschritten haben, gehen wir über ein **Hochplateau** mit einer typischen hohen strauchartigen Vegetation und der schon erwähnten Terra rossa. Am Ende der Ebene erwartet den Wanderer ein **Aussichtspunkt** mit einer altersschwachen grünen Bank. Wieder schweift der Blick über die östlichen Ausläufer des Akámas. An dieser Stelle macht der Weg einen scharfen Linksknick und führt in größeren Serpentinen recht steil bergab. An der schon von weitem sichtbaren **Teerstraße nach Pólis** endet der Lehrpfad bei dem obligatorischen Holztor. Links einbiegend kehren wir zum **CTO-Restaurant** zurück.

Leicht zu übersehender Pfad; im Hintergrund die Ausläufer von Pólis

28 Der Wanderweg der Aphrodite

Zum Ruheplatz der Göttin: Bäder der Aphrodite – Pýrgos tis Rigáenas – Moútti tis Sotíras – Bäder der Aphrodite

Karte: C 1

mittel

8 km

3 Std.

↑ 450 m
↓ 450 m

Tourencharakter: Rundwanderung über die Höhen des Akámas mit einem steilen Anstieg zum Beginn der Wanderung (370 m), danach moderates Auf und Ab mit einem gewundenen Abstieg zur Staubstraße an der Küste. Rückweg entlang der Küstenlinie zu den Bädern der Aphrodite.
Beste Jahreszeit: Frühjahr zur Zeit der Blüte; das ganze Jahr über möglich. Im Sommer intensive Sonneneinstrahlung, daher sind die frühen Morgenstunden oder der späte Nachmittag vorzuziehen.
Ausgangspunkt: Bäder der Aphrodite beim CTO-Restaurant.
Endpunkt: Wie Ausgangspunkt.
Wanderkarte: Keine.
Markierung: Braune Pfeile mit weißer Spitze, Holztäfelchen mit Pflanzenbezeichnungen.

Verkehrsanbindung: Mit dem Taxi oder dem Mietwagen von Pólis kommend auf der Küstenstraße E 713 nach Westen Richtung Bäder der Aphrodite. Von Süden über die B 7 nach Pólis und weiter zu den Bädern der Aphrodite. In der Hauptsaison (Mai bis September) gibt es einen Pendelbusverkehr von Pólis zu den Bädern der Aphrodite.
Einkehr: Unterwegs keine; Quelle auf halber Wegstrecke, am Ende der Wanderung Einkehrmöglichkeit im CTO-Restaurant.
Unterkunft: In Pólis im Natura Beach oder in Droúshia im Droúshia Heights.
Tourist-Info: Pólis, Agiou Nikolaou Street, Tel. 06/32 24 68.

Der Pflanzenreichtum der Akámas-Halbinsel ist sprichwörtlich und war auch der Grund dafür, dass diese in den letzten Jahren unter Naturschutz gestellt wurde. Die Wanderung erschließt die reichhaltige Flora und führt über einen Höhenzug mit immer neuen weiten Ausblicken über die Chrysochoú-Bucht.

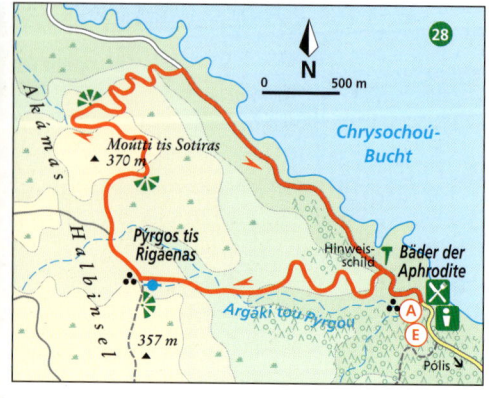

Der Wegverlauf

Der Ausgangspunkt der Wanderung ist wieder das **CTO-Restaurant** bei den Bädern der Aphrodite. Zuerst geht es auf dem gepflasterten Weg zum kleinen See, in dem der Legende nach die Göttin Aphrodite ihre Bäder nahm. Vor dem Bad wenden wir uns nach rechts (über das Metallgitter) und folgen dem gleichen Streckenverlauf wie beim

28

Tipp

Brandy Sour

Zum Ausklang des Tages sollten Sie mit dem Nationalgetränk der Zyprioten anstoßen. Wem dieser Cocktail mundet, hier das Rezept: Gießen Sie einen Spritzer Angostura in ein großes Glas, dann einen großzügigen Schuss Brandy und in gleicher Menge frischen Zitronensaft. Geben Sie dann Zucker und Eis dazu, füllen Sie das Ganze mit Soda auf und garnieren Sie es mit einer Zitronenscheibe.

→ **Naturlehrpfad des Adonis**. Sich immer links haltend, geht man ein kurzes Stück der Küstenstraße, um sich nach etwa 100 m nach links den Hang hinauf zu orientieren. Das Hinweisschild zum Einstieg des Pfades ist dabei leicht zu übersehen. In leichten Serpentinen geht es bergauf, bis man eine Schneise mit Terrarossa-Erde und weißen Kalksteinfelsen erreicht. Der Schneise bergauf folgend, gewinnt man ständig an Höhe, und es eröffnen sich weite Blicke Richtung Chrysochoú-Bucht und → **Pólis**. Bei **Tafel Nr. 20** achtet man auf einen Pfad, der die Schneise nach links verlässt. Hier steht ein rostiges Metallgestell. Durch die offene Macchie leitet uns der Pfad zu den alten Klosterruinen von **Pýrgos tis Rigáenas** (1:30 Std.), wo sich die beiden Naturlehrpfade trennen. Die Quelle unter einer riesigen Eiche bietet auch im Sommer eine Erfrischung.

Die Wanderroute wendet sich nun nach rechts in den breiten Forstweg. In weiten Kehren steigt er bis zu einem **Aussichtspunkt** (370 m) an, von dem sich ein großartiger Ausblick auf das Kap Arnauti bietet. Bei Tafel A 25 passiert man die Wildform des **Ölbaums** (Olea europea ssp. Oleaster), der ältesten Kulturpflanze Zyperns. Erstmals ist der Ölbaum wohl um 3000 v. Chr. in Mesopotamien kultiviert worden. Nach Zypern gelangte er vermutlich um 1500 v. Chr. durch die

In der Nähe von Pýrgos ti Rigáenas steht eine riesige Eiche mit einer erfrischenden Quelle.

Weitblick Richtung Chrysochoú-Bucht und Pólis

28 Ägypter. Er gilt als die langlebigste Kulturpflanze und war schon immer das Symbol des Friedens. Daher findet man Ölzweige im Staatswappen und der Flagge Zyperns. In der Mythologie und Literatur der Ägypter, Griechen und Römer spielte der Ölbaum eine wichtige Rolle. Die Ägypter weihten der Göttin Isis seine Zweige. Ein Ölbaum wurde der Stadt Athen von Athena geschenkt, die aus dem Streit mit Poseidon um den Besitz von Attika als Siegerin hervorgegangen war. In Olympia soll die Zeusstatue des Phídias mit einem Ölzweig geschmückt gewesen sein, und die Sieger bei den Olympischen Spielen erhielten als höchste Auszeichnung einen Siegerkranz aus Ölzweigen des Heiligen Hains von Olympia. Die Göttinnen bedienten sich einer Salbe aus Olivenöl, die wundersame Kraft besaß; Hera gelang es, Zeus damit zu verführen. Die Keule des Herakles war aus dem harten Holz des Ölbaums gefertigt, und Odysseus benutzte einen glühenden Pfahl aus dem gleichen Material, um dem Zyklopen Polyphem das Auge auszustechen. Ein wahrhaft wundersamer Baum. Bei Tafel A 30 steht man vor dem auf Zypern allgegenwärtigen **Erdbeerbaum** (Arbutus andrachne), der bis auf 1300 m Höhe wächst. Die roten Früchte, die an strauchartige Erdbeeren erinnern, sind ess-

Holztafel am Bad der Aphrodite

bar, aber sie schmecken nicht gut. Sein Vetter im westlichen Mittelmeerraum, Arbutus unedo (lateinisch unedo = nimm eine), ist trotz seines Namens nicht schmackhafter. Ein Schnaps aus seinen Früchten ist aber ein beliebtes Allheilmittel. Nachdem wir den Ausblick ausgiebig genossen haben, setzen wir den Weg auf einem schmäleren Pfad fort. Dieser führt in Serpentinen zum Küstenpfad hinab. Beim Abstieg muss man bei den gerölligen Abschnitten vorsichtig sein, damit man nicht ausrutscht. Dem aufmerksamen Beobachter fällt auf, dass dieser Hang vor ein paar Jahren durch einen Waldbrand »gesäubert« wurde. Man sollte immer daran denken, dass die klimatischen Bedingungen Zyperns die Waldbrände begünstigen und dass der Schutz dagegen eine harte und schwere Arbeit ist. Doch die Natur weiß sich unter normalen Bedingungen am besten zu schützen. Sie hat ihre eigenen Mittel, um gegen Störungen zu kämpfen, und versucht stets, das Gleichgewicht wieder herzustellen. Im Falle eines Brandes besiedeln Pionierarten

Blick vom Restaurant der Cyprus-Tourism-Organisation

wie Pimpernelle, Zistrose, Salbei u.a. das verbrannte Gebiet und bereiten so die Kolonisierung für andere, anspruchsvollere Arten vor. Was man jetzt vorfindet, ist eine Zwischenstufe im Wachsen neuen Waldes.

Kurz vor dem Erreichen des Küstenweges begegnet man dem häufigsten Gewächs auf der Akámas-Halbinsel, dem **Wacholder**. Bis auf eine Höhe von 700 m wächst er in der strauchigen Vegetation entlang der Wege. Die Widerstandsfähigkeit seines Holzes wurde schon in der Antike erkannt, wo es als Bauholz genutzt wurde. Der Wacholder ist außer seiner heilenden Wirkung auch für seine würzigen und aromatischen Eigenschaften bekannt. Er ist das Hauptgewürz und die aromatische Substanz im Gin. Weiter orientieren wir uns nach rechts. Links bietet die Küste des Akámas immer wieder ein beeindruckendes Farben- und Lichtspiel mit dem türkisfarbenen Meer (2:30 Std.).

Der Rückweg endet wieder beim Ausgangspunkt, dem **CTO-Restaurant**. Wen der Hunger plagt, der kann hier bei schöner Sicht übers Meer vielleicht eine typische Fisch-Meze probieren. Ist man in der Sommerzeit unterwegs, sollte man nicht versäumen, über die Stufen direkt unterhalb der Taverne den Hang zum Strand hinabzusteigen. Das Bad im Meer lässt uns Aphrodite ein wenig näher sein, zumindest versteht man, warum sie so gerne ausgiebig badete. Vom Kiesstrand wieder emporsteigend, bieten Duschen die Möglichkeit, das salzige Wasser abzuspülen und Umkleidekabinen versperren neugierigen Blicken die Sicht.

Ölbäume, Erdbeerbäume und Wacholder sind unsere ständigen Begleiter auf dieser Wanderung.

29

Küstenwanderung zum Kap Arnaúti

Nordwestlichster Zipfel Zyperns: Bäder der Aphrodite – Fontana
Amorosa – Kap Arnaúti – Bäder der Aphrodite   Karte: C 1

 mittel

 15 km

 4 ³/₄ Std.

 ↑ 100 m ↓ 100 m

 ja

Tourencharakter: Stichwanderung entlang der Küstenlinie mit ihren teils schroffen und einsamen Buchten, die Gelegenheit zum erfrischenden Bad bieten. Empfehlenswerte Variante ist eine Bootcharterung von Lachí aus, um zur Fontana Amorosa zu gelangen. Die Bootsanfahrt bietet eine ungewohnte Sichtweise auf die Halbinsel Akámas und ihre Naturschönheit.
Beste Jahreszeit: Das ganze Jahr; im Sommer starke Sonneneinstrahlung, daher besser die Morgen- oder Nachmittagsstunden wählen.
Ausgangspunkt: Bäder der Aphrodite / Variante beginnt in Lachí.

Endpunkt: Bäder der Aphrodite.
Wanderkarte: Keine.
Markierung: Keine.
Verkehrsverbindung: Taxi oder Mietwagen zum Ausgangspunkt. Von Páphos kommend über die B 7 nach Pólis dann auf der Küstenstraße nach Westen Richtung Lachí und Bäder der Aphrodite.
Einkehr: CTO-Restaurant am Parkplatz bei den Bädern der Aphrodite
Unterkunft: In Pólis, Hotel Natura Beach.
Tourist-Info: Pólis, Agiou Nikolaou Street, Tel. 06/32 24 68.

Abwechs-lungsreiche Ausblicke verkürzen den Weg.

Das Kap Arnaúti ist der nordwestlichste Punkt Zyperns und bietet schöne Ausblicke auf die Küste und die Chrysochoú-Bucht. Die wunderschöne Wanderung führt durch das ursprüngliche Zypern und bietet Vogelsang, Schmetterlinge, vorbeihuschende Eidechsen und das blaue klare Meer.

Der Wegverlauf

Bei dieser Wanderung bietet es sich an, von Lachí aus ein Boot zu mieten, das den Wanderer zur **Fontana Amorosa** bringt. Wer aber die schwankenden Planken nicht mag, begibt sich zu den **Bädern der Aphrodite**, folgt dort dem Weg nach rechts über das Metallgitter und erreicht, sich immer links haltend, die Küstenstaubstraße. Dieser folgt man nun bis zur Fontana Amorosa. Vorbei an der Vogelinsel **Ágios Geórgios** mit dem Kreuz,

29

Fontana Amorosa

Wer diese Wanderung wählt, soll-te sich die Begleitpersonen genau aussuchen! Der »Liebesbrunnen« ist zwar meistens ohne Wasser und auch schwer zu finden, doch wer von dem Wasser trinkt, ver-fällt sofort in unstillbare Liebe zur ersten Person, die ihm über den Weg läuft. Also ist Vorsicht gebo-ten! Man denke nur an das Schicksal der Titania aus dem Sommernachtstraum!

zum Andenken an einen ertrun-kenen Taucher errichtet, erreicht man die Ruine der oberhalb des Weges gelegenen pittoresken **Ka-pelle Ágios Geórgios** (30 Min.). Immer weiter der Küstenlinie fol-gend sieht man nach kurzer Geh-strecke (40 Min.) bei Tafel 45 A das Ende des → **Aphrodite-Natur-lehrpfades**. Durch die wechseln-den Ausblicke abgelenkt, erscheint der Weg zur **Fontana Amorosa** (1:45 Min.) kürzer als vermu-tet. An der so genannten »Liebesquelle der Aphrodite«, heutzutage ein kleines betoniertes Becken, bietet sich die Gelegenheit zum Ba-de. Für die Bootsfahrer ist dies die Anlegestelle und der Beginn der Wanderung.

Von der Fontana Amorosa aus folgt man weiter dem dominierenden Weg dem Meer entlang, bis man links am Berg ein Häuschen ent-deckt. Schaut man zum Meer hinab, erblickt man das Wrack des Frachters Agnello (2 Std.), zu dem man hinuntergeht. Nun geht es im-mer parallel der Küstenlinie durch stachelige Phrygana hindurch; da-bei genießt man die zauberhafte Küste. Nach einer halben Stunde hat man das **Kap Arnaúti** erreicht. Vom Kap blickt man weit aufs Meer und auf kleine, der Küste vorgelagerte Riffe, die besten Tauch-gründe Zyperns. Am Kap beginnt ein neuer Feldweg, der in einem Bogen zurück zur **Fontana Amorosa** (3 Std.) führt. Nun gehen wir wieder auf der Küstenstaubstraße zum Ausgangspunkt **Bäder der Aphrodite** zurück (4:45 Std.).

Das erste Stück Weges legen wir am besten (und schöns-ten) im Boot zurück.

30 Agiasma-Wanderweg um die Ágia Marina

Edle Trauben auf Kalkformationen bei Kathikas: Hinweistafel Nature Trail – Quelle – St. Marinas Chapel – Ausgangspunkt   Karte: C 1

leicht

4,5 km

1 ¼ Std.

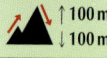

↑ 100 m
↓ 100 m

ja

Tourencharakter: Leichte Rundwanderung in den Ausläufern des Akámas. Der neu angelegte Nature Trail führt über ein Felsplateau mit Weinfeldern und bietet Ausblick auf die Küstenlinie rund um Páphos. Der Wegverlauf ist sehr deutlich gestaltet und hat nur ein kleines Stück Teerstraße am Anfang der Wanderung.

Beste Jahreszeit: Alle Jahreszeiten; im Herbst ist die Weinlese und die Verfärbung des Laubes besonders schön.

Ausgangspunkt: Hinweistafel Nature Trail 1 km südlich von Kathikas direkt an der E 709.

Endpunkt: Wie Ausgangspunkt.

Wanderkarte: Keine.

Verkehrsanbindung: Mit dem Taxi oder Mietwagen. Es gibt keine Busverbindung zum Ausgangspunkt. Der Beginn der Wanderung liegt direkt an der Landstraße E 709, die über Pegeia nach Páphos in südlicher Richtung führt. Nach Norden fahrend erreicht die Straße über Droúshia direkt Pólis.

Einkehr: Unterwegs keine; in Kathikas gibt es mehrere typische Tavernen.

Unterkunft: In Páphos, Pólis oder Droúshia.

Tourist-Info: Pólis oder Páphos.

Die leichte Wanderung in der Weinanbauregion des Akámas ist eine schöne Gelegenheit, um sich einmal nicht zu sehr zu verausgaben. Der Wein wächst wie meist auf Zypern nicht auf terrassierten Feldern in Hanglagen, sondern auf leichter zu bewirtschaftenden Plateaus. Trotzdem ist die Produktion noch Handarbeit.

Tipp

Auf den Geschmack gekommen

Schon die ägyptischen Pharaonen wussten die Qualität der Weine von Kathikas zu schätzen. In der Weinkellerei Sterna, zwischen den Dörfern Kathikas und Akourdalia, reift in den unterirdischen Gewölben der Wein wie vor 3000 Jahren und wird zur Weinprobe gereicht. Die Weinkellerei ist täglich von 9.30 bis 18 Uhr zu besichtigen. Die Weinprobe ist kostenlos.

Der Wegverlauf

Die Wanderung beginnt am Hinweisschild zum **Agiasma Nature Trail** an der Hauptstraße nach Pegeia 1 km südlich von Kathikas. Hier besteht auch die Möglichkeit, den Wagen zu parken. Zunächst wandert man einen Forstweg leicht hinab in ein Tal. Man sieht, dass der Weg relativ neu angelegt ist, da die Anpflanzungen am rechten Wegrand noch sehr niedrig sind. Nach gut 400 m

Auf Zypern sind Naturlehrpfade die schönsten und auch bequemsten Wanderwege.

mündet der Weg in einen schmalen Pfad; hier wendet man sich nach rechts und kommt nach ein paar Schritten zu einer Quelle mit Trinkwasser. Diese werden wir auf unserem Rückweg wieder passieren. Wie folgen dem Pfad nach links, der sich leicht nach oben windet, um an einer schmalen Teerstraße zu enden.

Nun bleibt der Weg fast eben; von hier aus sehen wir schon die Weinfelder um den Ort Kathikas. Nach rechts wandernd, folgen wir

30

ein kleines Stück der Straße, die wir dann, uns wieder rechts haltend, verlassen, um Richtung Kirche weiterzugehen. Mitten in den Weinfeldern liegt die Kapelle **Ágia Marina**. Weiter durch die Weinfelder gehend, überqueren wir das Plateau bis zu seiner äußersten Spitze, um dann auf einem schmalen Pfad unterhalb der Felswand den Rückweg anzutreten.

Mitten durch Weinfelder führt der Weg zur Kapelle Ágia Marina.

Zuvor bietet sich ein Blick gen Südwesten an, Richtung Küste rund um → **Páphos** und **Coral Bay**. Sich leicht nach unten neigend, verliert der Pfad an Höhe und überquert ein ausgetrocknetes schmales Flussbett, das im Winter gelegentlich Wasser führt. Nun müssen wir wieder an Höhe gewinnen, um zu der schon erwähnten Quelle hinaufzusteigen. An der **Quelle** angekommen, gönnen wir uns einen Schluck, um dann wieder erfrischt über den bekannten Forstweg zum Ausgangspunkt zurückzugehen.

Ausgrabungs-
stätte bei
Koúklia

▶ ÁGIA NAPA

Höhe: Meereshöhe   Karte: C 6/7
Einwohnerzahl: 2100

Lage: Der Urlaubsort liegt im äußersten Südosten nahe dem Kap Gréco am Ende der B 3.

Geschichte: Agia Napas Karriere als modernster und gepflegtester Urlaubsort Zyperns begann nach der türkischen Invasion von 1974. Viele Hoteliers, die zuvor Gebäude in Famagusta besessen hatten, versuchten hier einen Neuanfang. So entstand aus einem kleinen Weiler ein Touristenort mit einem der großzügigsten Dorfplätze der Insel. Mittlerweile entstanden hier 15 000 Hotelbetten, Tavernen, Bars und Diskotheken, und herrliche Sandstrände ermöglichen Wasserfreuden ohne Grenzen.

Sehenswert: An historischen Sehenswürdigkeiten hat Agia Napa nur das um 1570 gegründete gleichnamige **Kloster** mit gotischen Stilelementen vorzuweisen, das seit den 70er-Jahren vom Konferenz- und Begegnungszentrum für die christlichen Kirchen des Mittleren Ostens mitbenutzt wird. Das ehemalige Nonnenkloster hat auf seiner Nordseite ein von den Venezianern im Jahr 1530 erbautes eindrucksvolles Pförtnerhäuschen. Der Legende nach soll eine adlige Venezianerin aus Famagusta sich in das Kloster zurückgezogen haben, weil sie einen Bürgerlichen liebte und ihn aus Standesgründen nicht heiraten durfte. In der einfachen Klosterkirche führt eine Treppe hinunter in die Grotte, in welcher laut Legende die Ikone der Jungfrau Ma-

Windräder
bei Ágia
Napa

Der Nationalpark Kap Gréco

Der Nationalpark im Südosten Zyperns liegt zwischen Agia Napa und Paralímni. Das Gebiet ist nicht nur wegen seiner Naturschönheiten einzigartig, sondern auch wegen der Möglichkeiten, seinen sportlichen Interessen nachzugehen: Schwimmen, Tauchen, Paragliding, Angeln, Rudern, Radfahren, Klettern, Reiten und Wandern. In diesem Gebiet wurden von der Forstbehörde bis jetzt 9 Wanderrouten angelegt. Die Routen sind in der Regel 1 Std. lang und lassen sich teilweise zu längeren Strecken verbinden. Informationsmaterial gibt es in dem CTO-Büro von Agia Napa.

---

ria gefunden wurde. Vor dem Südeingang des Klosters wächst eine etwa 600 Jahre alte Sykomore (Ficus sycomoros), eine aus Nordafrika stammende Feigenbaumart, deren Früchte essbar sind. Einen Besuch lohnt auch die Anfang der 90er-Jahre errichtete **Kirche Ágia Napa**, die innen mit Fresken im traditionellen byzantinischen Stil ausgemalt ist. Im Rathaus ist mit viel Liebe ein **Meeresmuseum** aufgebaut worden. (Sommer: Di–Fr 9.00–12.15 Uhr, 16.00–20.00 Uhr, Sa und So 17.00–20.00 Uhr; Winter: Mo–Sa 9.00–14.30 Uhr, Do 15.00–17.00 Uhr). Die eigentliche Attraktion sind aber die langen Sandstrände direkt vor dem Ort und in seiner näheren Umgebung. Etwa 8 km von Agia Napa entfernt, am südöstlichsten Zipfel der Insel, liegt **Kap Gréco**. In dem kleinen, durch Wanderwege erschlossenen Nationalpark faszinieren nicht nur die schroffen Steilküsten, bezaubernd ist auch die äußerst vielfältige Pflanzenwelt.

Info: Leoforos Kryou Nerou 12, CY 5330 Agia Napa, Tel. (03)72 17 96.

▶ ÁGIOS GEORGIOS PEGIAS

Höhe: 100 m   *Karte: C 1*

Lage: Nördlich von Páphos an der Westküste gelegen, gut über die Küstenstraße E 701 zu erreichen.

Sehenswert: Am Rand des kleinen Ortes am Ansatz der → **Akámas-Halbinsel** liegen unweit der modernen Kirche Ágios Geórgios die Ruinen zweier frühchristlicher Basiliken aus dem 6. Jh., deren Mosaikfußböden wunderschöne Ornamente und Tierdarstellungen (z. B. Vögel, Fische) zeigen. Die Kirchen gehörten zu einer römisch-byzantinischen Stadt, die auf dem

Am Kap Drepanon thront das Gotteshaus Ágios Georgios über dem Meer.

Felsen von Kap Drépanon stand. Unmittelbar daneben steht eine der seltsamen, mit Bindfäden »umgürteten« Kirchen Zyperns, vor der Tücher an den traditionellen Wunschbaum geknotet sind.

▶ AGRÓS

Höhe: 1000–1100 m	Karte: C 3
Einwohnerzahl: 1800	Wanderungen: 19, 20

Lage: Der Bergort schmiegt sich an die Osthänge des Tróodos-Massivs, zu Füßen des Adelphi (1612 m). Agrós ist über die B 8 und weiter über die E 801 von Limassol kommend zu erreichen.

Sehenswert: Das kleine Dorf im → **Tróodos**, das sich terrassenförmig an den Hängen eines tiefen Talbeckens erstreckt, wartet mit einigen lokalen Spezialitäten auf: Jedes Jahr im April und Mai wird aus etwa 25 000 kg Rosenblättern duftendes Rosenwasser destilliert. Außerdem widmet man sich dem Weinanbau und der Herstellung von **Dschudschuko**, einer Süßigkeit aus Traubenmost. Ein Metzgereibetrieb hat sich auf die Produktion des Räucherschinkens **Chiromeri** und des Kasselerfleisches **Lounza** spezialisiert. Das Hotel Rodon am Dorfrand organisiert Rundgänge, bei denen diese Betriebe besichtigt werden. Lohnend ist ein Abstecher in das 18 km entfernt liegende → **Lagoudherá** mit der Scheunendachkirche **Panagía tou Arakou**.

▶ ÁGIOS IRAKLÍDIOS (KLOSTER)

Höhe: 380 m	Karte: C 4
	Wanderung: 2

Lage: Das Nonnenkloster ist im Ort Politikó zu besichtigen.

Sehenswert: Das Kloster Ágios Iraklídios bezaubert durch seinen Blumenreichtum. Die Gründung geht auf das 5. Jh. zurück. Damals entstand über der Grabstätte des hl. Iraklídios eine erste kleine Basilika. Der Heilige gilt als Gefährte des Apostels Paulus und wurde von diesem zum Bischof der Stadt → **Tamassós** ernannt. Zusammen mit dem hl. Mnáson betreute Iraklídios eine relativ große jüdische Gemeinde und starb später den Märtyrertod. In der heutigen, durch viele Umbauten veränderten zweischiffigen

Tipp

Musikalische Mitgift

Mittelalterliche Musik aus Zypern ist vielleicht nicht jedermanns Geschmack, doch ihre Authentizität ist verbürgt. Das Huelgas Ensemble hat nach originalen zypriotischen Handschriften die Musik auf CD gebracht. In der Nationalbibliothek von Turin war man fündig geworden. Mehr als 200 geistliche Kompositionen hat König Janus I. de Lusignan (1374–1432) seiner Tochter Anna übergeben, als diese den Grafen von Genf heiratete. Erschienen ist die CD in der Reihe Sony Classical (SK 53976). Der Titel lautet Music from the Court of King Janus at Nicosia.

Kirche sind noch Mosaikreste und Säulen der frühchristlichen Basilika sowie Fresken und Stützpfeiler eines Vorgängerbaus aus dem 10. Jh. zu erkennen. Das südliche Schiff ist dem hl. Iraklídios geweiht und birgt sein Haupt in einem Goldreliquiar. Im nördlichen Schiff befindet sich das Patrozinium der Dreifaltigkeit. Über den Gräbern der hll. Iraklídios und Mnáson errichtete man im 14. Jh. eine Kreuzkuppelkirche als Mausoleum. Hier befinden sich römische Sarkophage und eine steinerne Ikonostase (Bilderwand in der byzantinischen Kirche, die den Gemeinderaum vom Altarraum trennt) mit Fresken des 15. Jhs., unter denen frühchristliche Symbole durchscheinen.

 AKÁMAS-HALBINSEL

Höhe: 0–669 m

Karte: C 1
Wanderungen: 22, 24–30

Lage: Äußerste westliche Halbinsel im Norden von Páphos. Anfahrt über die B 7 oder die landschaftlich reizvollere E 709.

Geschichte: Die Halbinsel Akámas ist ein Ort griechischer Geschichte und Mythologie, die 3000 Jahre zurückreicht und die der Besucher bei fast jedem Schritt antrifft. Benannt wurde die Halbinsel nach dem Sohn des Theseus, Akámas, der ein Held im Trojanischen Krieg gewesen war. Der Ort soll auch mit der Göttin Aphrodite und dem Jüngling Adonis verbunden sein: Nach der Jagd im Akámaswald wollte sich Adonis in der Quelle erfrischen und war überrascht, die Göttin im kristallklaren Wasser des kleinen Sees nackt baden zu sehen. Sofort verliebten sich beide ineinander, geblendet von ihrer beider Schönheit. Die Legende sagt auch, dass das Wasser der Quelle verjüngt und die Liebesgefühle steigen lässt, unabhängig vom Alter. Doch wie das Leben so spielt, ist das Wasser heutzutage leider nicht mehr trinkbar!

> **Tipp**
>
> **Blut und Tränen**
>
> Menschen, die Freude haben an anmutigen Legenden zwischen Mythos und Phantasie, sind auf Zypern gut aufgehoben. Einige Pflanzen stehen dabei in enger Beziehung zur antiken Mythologie oder auch mit tatsächlichen historischen Ereignissen. So besagt die Legende, dass Adonis, der goldene Jüngling und Aphrodites Geliebter, auf der Jagd von einem wilden Eber getötet wurde. Aus seinem Blut, das die Erde tränkte, entstanden die roten Anemonen, aus den Tränen der Aphrodite beim Tod ihres Geliebten, die weißen Anemonen. Dies ist nur eine aus dem bunten Strauß der Geschichten; wer gut zuhört, wird noch viele andere auftun.

Sehenswert: Die Akámas-Halbinsel ist ein wildes ursprüngliches Gebiet, in dem eine große Anzahl von Habitaten und Ökosystemen auf relativ kleinem Raum anzutreffen sind. Tief eingeschnittene Schluchten und dramatische Felsformationen prägen die Landschaft, in der einige der ältesten Gesteine der Erde an die Oberfläche treten. Die Halbinsel ist lebenswichtig für viele Tierarten: Zugvögel ruhen sich auf dem langen Flug von Europa nach Afrika aus. Die geschützten Strände sind Brutplätze für Seeschildkröten, und an ihrer Nordküste überleben die letzten Mönchsrobben. So legen am sandigen → **Lara Beach** jährlich Hunderte Karettschildkröten ihre Eier ab, auf die die Naturschützer ein wachsames Auge haben. Ein Wanderweg führt durch die enge und steilwandige **Ávagas-Schlucht**, die von Oleanderbüschen gesäumt wird. Zwei Naturlehrpfade beginnen am lauschigen, **Bad der Aphrodite** genannten, Quellbecken, in dem sich der Legende nach die Göttin der Liebe und der Schönheit mit ihren Liebhabern zu Schäferstündchen traf.

Geologie: Die Geologie dieser Gegend ist eine der vielfältigsten Zyperns. Fast alle geologischen Formationen Zyperns sind hier repräsentiert. Die große Vielfalt der geologischen Formationen, zusammen mit der Topographie der Gegend bilden verschiedene Mikroklimata, deren Wirkung in der Mannigfaltigkeit der Pflanzengemeinschaften, der großen Zahl der Pflanzenarten und besonders in der Anzahl der endemischen Arten zu sehen ist.

Akámas-Halbinsel, Heimat griechischer Geschichte und Mythologie

Flora und Fauna: Zypern befindet sich am Scheitelpunkt der drei Hauptflorenzonen von Europa, Asien und Afrika, und es ist nicht erstaunlich, dass die Zahl der verschiedenen Pflanzenarten, die auf Zypern wachsen, an die 1750 reicht. Auf der Halbinsel Akamás gibt es fast 530 Pflanzenarten, von denen allein 33 endemisch sind (aus der Gesamtzahl von 123 endemischen Pflanzen). Somit ist der wissenschaftliche und ökologische Wert des Gebietes offensichtlich. Wälder der Brutischen Kiefer, strauchartige Vegetation aus Wacholder und Zistrosen sowie Mischwälder aus Kiefern und Laubbäumen bilden die Hauptflora des Gebietes. Die strauchartige Vegetation ist charakteristisch für das Mittelmeerklima und ist wahrhaftig außergewöhnlich. Die Bedeutung der Fauna ist nicht geringer als die der Flora. Es sind 168 Vogelarten, 12 Säugetier-, 20 Kriechtier- und 16 Schmetterlingsarten gefunden worden.

▶ AKROTÍRI-HALBINSEL

Höhe: Meereshöhe	Karte: A 3
	Wanderung: 7

Lage: Wenige Kilometer westlich von Limassol.

Sehenswert: Die Halbinsel Akrotíri, die wie ein breiter Keil westlich von Limassol in das Mittelmeer hinausragt, ist fast vollständig von einer der beiden British Sovereign Base Areas auf Zypern okkupiert.

Obwohl der größte Teil der Halbinsel frei zugänglich ist, sind die militärischen Einrichtungen an der Spitze der Halbinsel für die Öffentlichkeit unzugänglich, ebenso wie das Kap Zevgári und das Kap Gáta. Trotzdem gibt es noch einige Attraktionen zu besichtigen. So den östlichen Strand **Lady's Mile Beach**, der seinen Namen von der Stute eines britischen Offiziers bekommen hat, die hier regelmäßig bewegt wurde. Abgesehen von ein paar windschiefen Strandcafés ist der Strand unberührt. Im Sommer legen hier Schildkröten am Strand

ihre Eier ab. Der Strand endet am Stacheldrahtzaun, der das Sperrgebiet der Militärbasis abgrenzt. Ein Feldweg neben dem Zaun führt am Kloster **Ágios Nikólaos ton Gaton (St. Nikolaus zu den Katzen)** vorbei. Im 4. Jh. schenkte die heilige Helena, die Mutter des römischen Kaisers Konstantin, den Mönchen des Klosters Katzen, die die Giftschlangen töten sollten. Die

Flamingos – eindrucksvolle Zugvögel auf den Salzseen von Lárnaca und Akrotíri

Katzentruppe scheint recht gut gearbeitet zu haben, denn Giftschlangen sind hier höchst selten. Nonnen haben inzwischen die Mönche abgelöst. Das Kloster wurde in den 90er-Jahren völlig umgebaut, doch noch immer leben dort Dutzende verhätschelter Katzen. Ein klostereigener Laden verkauft Ikonen und andere Devotionalien sowie Loukoumi und bemalte Holzeier.

Im Zentrum liegt der **Salzsee von Akrotíri**. Im Sommer erstreckt sich hier eine ausgetrocknete Salzebene, doch von November bis März füllt sich das flache Becken mit Regenwasser. Dann überwintern hier Zugvögel, zum Beispiel rosa Flamingos. In den letzten Jahren ist die Zahl der Flamingos stark zurückgegangen, von 18 000 auf weniger als 3000 Vögel. Sollten die jährlichen Regenfälle weiterhin abnehmen, werden die Flamingos wohl bald ganz verschwunden sein. Sobald der See vollständig ausgetrocknet ist, wird er ein beliebtes Ziel für Fahrzeuge aller Art, vom Dünenbuggy bis zum Mountainbike. Am nördlichen Rand der Halbinsel, an der Straße vom Akrotíri-Dorf nach Episkopí, erfüllen die dichten Zitrushaine der **Fasouri-Plantage** die Luft mit dem Duft von Orangen, Grapefruits und Zitronen. Riesige Zypressen, die einen dunklen Tunnel bilden, säumen die Straße durch die Plantagen. Man kann die Plantagen besichtigen, Stände am Straßenrand bieten Obst zum Verkauf an. Am Nordrand der Zitrushaine liegt → **Kolóssi**.

▶ AMÁTHUS

Höhe: 0–150 m	*Karte: B 4*

Lage: Sechs Kilometer östlich von Limassol. Besser bekannt als das Touristenzentrum von Limassol, mit schönen Stränden und vielen Hotelanlagen.

Pétra tou Romioú

Sehenswert: In der alten Stadt Amáthus finden immer noch Ausgrabungen statt; so wurde kürzlich ein alter Hafen aus der phönizischen Zeit entdeckt. 1000 v. Chr. als Stützpunkt der Phönizier gegründet, stand die Stadt während der Revolte gegen die Griechen auf der Seite der Perser. Als jedoch Alexander der Große die Weltbühne betrat, wechselte Amáthus auf die Seite der Griechen. Wie bei vielen Ausgrabungsstätten muss auch hier die Vorstellungskraft des Besuchers die Leerräume ausfüllen. Auf der **Agorá** (Marktplatz), einem offenen Platz, umgeben von Resten antiker Säulenhallen, hat man umgestürzte Marmorsäulen, einige

mit eingraviertem Spiralmuster, wieder aufgerichtet. Es gibt auch Spuren einer frühchristlichen Basilika, Bäder und, auf dem Hügel, der sich nach Osten hin erhebt, die Akropolis und Teile der alten Stadtbefestigung. Dazu befinden sich hier mehrere Tempel zu Ehren von Herkules, Adonis und natürlich Aphrodite. Im späten 6. Jh. wurde hier der heilige Johannes der Almosengeber geboren, der später der Schutzpatron der Johanniter wurde. Nur wenig blieb erhalten von dem Ruhm der Stadt zur Zeit König Richards I. von England, auch Richard Löwenherz genannt, der hier 1191, unterwegs zum Kreuzzug ins Heilige Land, Station machte. Später wurde die Stadt als Steinbruch verwendet, u. a. für den Bau des Suezkanals (Winter: tägl. 7.30–17.00 Uhr; Sommer: tägl. 7.30–19.30 Uhr).

APHRODITE

Auf Zypern begegnet der Reisende einer schier unerschöpflichen Welt der Mythen und Sagen aus der Antike. Besonders viele Legenden ranken sich um die Göttin der Liebe und der Schönheit – Aphrodite, die »Schaumgeborene«. Schenkt man Hesiod, dem berühmten Dichter und Familienchronisten der olympischen Götter, Glauben, war schon die Geburt der Aphrodite ungewöhnlich. Zu Beginn der Weltgeschichte herrschte großes Chaos. Ihm entsprang Uranos, der Himmel, und Gaia, die Erde, die viele Kinder miteinander zeugten. Aber Uranos bekam es mit der Angst zu tun und fürchtete, seine Kinder könnten ihn entmachten. Daraufhin verbarg er sie im tiefsten Inneren der Erde. Gaia sah dies mit höchstem Missfallen und sann auf Rache. Sie schmiedete eine riesige goldene Sichel und übergab sie Kronos, ihrem jüngsten Sohn. So bewaffnet, wartete er den Augenblick ab, wo Uranos seine Frau liebevoll umschlang, und entmannte seinen Vater. Er warf dessen Gemächt ins Meer, auf dem es lange umhertrieb. Weißlicher Schaum quoll aus dem unsterblichen Fleisch und gebar eine schöne Jungfrau. Diese entstieg den Fluten vor der Insel Zypern, wo sie als Aphrodite (aphros = Schaum), die »Schaumgeborene«, in die Mythologie einging. Die Felsen von → **Petra tou Romiou** gelten noch heute als Geburtsort der Göttlichen. Bald sorgte die junge Göttin für Aufregung im Himmel und auf der Erde. Zeus hatte sie mit dem Krüppel Hephaistos, Gott des Feuers und der Schmiedekunst, verheiratet, doch Aphrodite hatte ein Auge auf Ares, den Kriegsgott geworfen – und er auf sie. Ihr verbotenes Glück konnte aber nicht lange verheimlicht werden. Helios, der Sonnengott, verriet in seiner Eifersucht Hephaistos die trauten Schäferstündchen. Der gehörnte Ehemann schmiedete daraufhin ein Geflecht aus feinsten, unsichtbaren Ketten und befestigte es über der Lagerstatt des ruchlosen Paares, sodass Aphrodite und Ares bei ihrem nächsten zärtlichen Zusammentreffen in eindeutiger Stellung gefangen waren und Hephaistos sie in flagranti ertappen konnte. Durch sein zorniges Geschrei versammelte sich die gesamte Götterwelt. Doch statt Mitleid erntete Hephaistos nur schallendes Gelächter, das als »homerisches Gelächter« in den Schatz der geflügelten Worte einging. Aphrodite, die sich nur durch die Hilfe Poseidons aus der misslichen Lage befreien konnte, ließ sich jedoch nicht in ihren Sinnesfreuden bremsen. Auf Ares sollten noch zahllose andere Liebhaber folgen. Doch nicht nur für ihre Abenteuerlust, sondern auch für ihre ausgeprägte Eitelkeit war die Göttin bekannt. Als eines Tages die Gemahlin des Königs Kinyras von Páphos sich rühmte, schöner zu sein, versetzte dies Aphrodite in rasenden Zorn. Auf Rache sinnend, flößte sie der jüngsten Tochter des Königspaares eine unbändige Begierde zu ihrem Vater ein. Der Vater schwängerte im trunkenen Zustand seine Tochter. Wieder nüchtern geworden, wollte er die Unschuldige töten lassen. In diesem Moment empfand Aphrodite Mitleid und verwandelte die werdende Mutter in einen Myrrhenstrauch. Auch Pygmalion, der erste namentlich erwähnte König Zyperns, spürte die Macht der Göttin. Herodots Berichten zufolge verfügte Aphrodite, dass sich alle Frauen vor der Ehe in ihrem Heiligtum (→ **Kouklia**) einem Fremden hingeben sollten. Da die Frauen sich dem Befehl widersetzten, strafte sie Aphrodite mit einer unstillbaren Wollust. Pygmalion reagierte entsetzt auf dieses Treiben und zog sich in die Einsamkeit zurück. Fortan widmete er sich nur noch der Bildhauerei und schuf eine einzigartig schöne Elfenbeinstatue der Göttin (Zypernmuseum → **Nicosia**). Pygmalion verliebte sich in die leblose Gestalt, woraufhin Aphrodite sich versöhnlich zeigte und der Statue Leben einhauchte. Der ehemalige König heiratete die zum Leben erwachte Statue und bekam mit ihr ein Kind, das den Namen Páphos erhielt. Die Gründung der Stadt → **Páphos** soll auf eben jenes Kind zurückgehen.

▶ ## ASÍNOU

Höhe: 450 m	*Karte: C 3*

Lage: In den Wäldern um Nikitari unweit der B 9 nach Nikosia.
Sehenswert: Das Juwel unter Zyperns Kirchen, die Kapelle **Panagiá-Forviotissa** (der Name verweist auf die hier häufig wachsenden Euphorbien) von Asínou (Marienkirche von Asínou), steht seit fast neunhundert Jahren – äußerlich völlig unscheinbar – auf einer einsamen Hochebene bei Nikitari. Ihre Wandmalereien aus dem 11. bis

12. Jahrhundert sind vollständig erhalten und leuchten nach einer Restauration in den 60er-Jahren wieder frisch wie am ersten Tag. Die Fresken stammen aus der Blütezeit der sakralen Kunst des byzantinischen Reiches. Mit etwas Glück findet man die Kirche täglich geöffnet. Findet man sie jedoch verschlossen vor, sollte man nach dem Priester, der das UNESCO-Weltkulturerbe beaufsichtigt, in Nikitari fragen.

▶ CHIROKITÍA

| Höhe: 100–200 m | Karte: B 4 |
| | Wanderung: 5 |

Lage: An der A 1 (Ausfahrt 14) zwischen Lárnaca und Limassol gelegen.

Ausgegrabene Rundhäuser, sog. Thóloi, im jungsteinzeitlichen Dorf Chirokitía

Sehenswert: Seit 1936 legen Archäologen die Überreste einer der ältesten Siedlungen Zyperns frei, in der schon vor rund 8000 Jahren etwa tausend Menschen in steinernen Rundhütten unterschiedlicher Größe gelebt haben sollen. Teilweise erkennt man noch solche Ansätze der aus Holz, Lehm und Schilfrohr konstruierten Dachgewölbe. Unter den Fußböden der Hütten begrub man die Toten in Hockstellung, entsprechend der Lage

des ungeborenen Menschen im Mutterleib. Die Bewohner waren Angehörige der akeramischen (»ohne Töpferwaren«) Kultur, die mühsam aus Stein und Knochen Werkzeuge, Schmuck und Idole formten (tägl. 7.30–17.00 Uhr geöffnet).

 ## COMMANDARÍA-REGION

Höhe: 500–900 m   *Karte: B 3*

Lage: Die Weinbauregion an den Südhängen des Tróodos-Gebirges erstreckt sich zwischen den Gipfeln des Tróodos und dem Wald von Limassol.

Sehenswert: Der Commandaría ist ein süßer Dessertwein, gewissermaßen der Nachfolger des Nama-Weins, den man in der Antike bei den Festen zu Ehren der Aphrodite trank. Die moderne Sorte geht auf den Johanniterorden zurück und ist nach deren Komturei bei der → **Kolóssi-Festung** benannt. Die Trauben werden in den Weinbergen am südlichen Tróodos in Höhenlagen von 1000 m, von Kilani im Osten bis Ágios Konstantínos, möglichst spät gepflückt und in der Sonne getrocknet. Der beste Wein lagert mindestens 10 Jahre im Fass, bevor er auf den Markt kommt. Die Commandaría-Region bekam deshalb auch den Begleitnamen »Toskana Zyperns« oder »Burgund Zyperns«.

 ## FAMAGUSTA

Höhe: Meereshöhe   *Karte: C 6*
Einwohnerzahl: 25 000

Lage: Rund 60 km südöstlich von Nicosia liegt die zweitgrößte Stadt Nordzyperns und einst bedeutendste Hafenstadt der ganzen Insel.

Sehenswert: Die von venezianischen Mauern umgürtete Hafenstadt, im Mittelalter eine der reichsten Städte der Levante, dämmert heute vor sich hin. Blickfang der Altstadt ist die **Lala-Mustafa-Pasha-Moschee**; die gotische Kathedrale des heiligen Nikolaus wurde von den Türken 1571 in ein islamisches Gotteshaus umgewandelt. Aus der britischen Kolonialzeit stammt der Name des **Othello-Turms** der Seemauer (geöffnet Mo–Sa 8.00–17.00 Uhr); hier soll Shakespeares tragischer Held seine Desdemona getötet haben. Verlassen liegt seit 1974 **Varosha** da, das bis dahin bedeutendste Hotelviertel Zyperns. Ein türkischer Offiziersclub stellt dort seitdem das einzig bewohnte Haus dar.

▶ GALÁTA-KAKOPÉTRIA

Höhe: 670 m	*Karte: C 5*
	Wanderung: 15

Lage: An der Hauptstraße B 9 im nördlichen Tróodos-Gebirge gelegen.

Sehenswert: Das Doppeldorf im Kargotis-Tal war schon in veneziani-
Ágios scher Zeit eine beliebte Sommerfrische. Neben einem Bummel
Nicólaos durch den historischen Ortskern von Kakopétria, der unter Denkmal-

schutz steht, lohnt ein Besuch der beiden Scheunendachkirchen aus dem 16. Jahrhundert, **Panagiá tis Podithou** und **Panagiá Theotokos** (= die Gottesgebärerin) am Ortsrand von Galáta. Bereits im frühen 11. Jahrhundert wurde die ehemalige Klosterkirche **Ágios Nicólaos tis Stégis** (= Kirche des hl. Nikolaus vom Dach) außerhalb von Kakopétria erbaut, die Fresken aus dem 11. bis 17. Jahrhundert besitzt (Di–Sa 9.00–16.00 Uhr; So 11.00–16.00 Uhr).

▶ KÍTION (KÍTI)

Höhe: Meereshöhe	*Karte: B 5*
	Wanderung: 3

Lage: Endpunkt der B 4 von Lárnaca in südlicher Richtung unweit des internationalen Flughafens.

Sehenswert: Die kleine Ortschaft Kíti bietet eines der herausragenden Beispiele der zypriotischen Baukunst. Die Kirche **Panagiá Angeloktistos** (Unsere Liebe Frau) »errichtet von den Engeln« wurde auf den Fundamenten einer Kirche aus dem 5. Jh. errichtet. Der heutige Bau, datiert aus dem 12. Jh., birgt eines der beeindruckendsten Mosaike (6. Jh.), das die Jungfrau Maria mit dem Kinde, flankiert von den Erzengeln Gabriel und Michael, zeigt. Der Stil und die Handwerkskunst dieses Mosaiks mit seiner feinen Anordnung von farbigen und wertvollen Steinen hält jedem Vergleich stand, auch mit dem Mosaik von Kaiser Jnstinian mit Kaiserin Theodora sowie dem byzantinischen Hof aus dem 6. Jh., das man in Ravenna sehen kann (Mo–Sa 8.00–16.00 Uhr, So 9.00–12.00 Uhr und 14.00–16.00 Uhr).

*Panagía An-
gelóktistos*

 KOLÓSSI

Höhe: Meereshöhe   *Karte: B 3*

Lage: Kolóssi wurde an der Basis der Akrotíri-Halbinsel 7 km westlich von Limassol erbaut.

Sehenswert: Zwischen den fruchtbaren Wein- und Erdbeerfeldern
thront der mächtige Bergfried einer **Johanniterburg**, der in seiner
heutigen Gestalt im 15. Jh. entstand. Der Wohn-
turm hat einen Grundriss von 16 mal 16 m;
seine Höhe beträgt 23 m. Seine Mauern sind bis
zu drei Meter stark. An der Ostseite sind vier
steinerne Wappen zu erkennen: das bekrönte
königliche Wappen mit Schildgeviert im Relief,
mit den Insignien der Königreiche Jerusalem,
Zypern, Armenien und rechts oben der der Lusignans. Darum gruppieren sich die Johanniter-
Wappen von Jean de Lastic (Ordensgroßmeis-
ter), von Jacques de Milli (Großmeister) und
unten von Louis de Magnac, des Großkomturs
von Zypern. Der Donjon (Hauptturm) ist innen
in drei Geschosse untergliedert. Der Eingang
über der Zugbrücke führt in die erste Etage, wo

Tipp

**Spaziergang zum Volksheilig-
tum**

Von der Burg Kolóssi bietet
sich ein kurzer Abstecher zum
Volksheiligtum Panagiá Vou-
narkotissa in einer Höhle am
Fuße eines Hügels an. Der
Weg dorthin führt unter dem
Aquädukt der alten Zucker-
mühle hindurch, um dann an
der nächsten Kreuzung nach
links abzubiegen. Die Kapelle
ist über und über mit Votivgaben aus Wachs behängt, da-
zwischen und an den Felsen
neben dem Eingang sind Stoff-
fetzen geknotet; davon erhof-
fen sich die Gläubigen die Er-
füllung eines Wunsches.

sich die Küche befand. Die große Feuerstelle ist deutlich zu sehen.
Im Untergeschoss lagen die Kellerräume mit ihren Zisternen, im
zweiten Stock die Wohnräume mit Kaminbeheizung. Über eine
Wendeltreppe erreicht man das Dach. Von hier oben öffnet sich ein

prächtiger Blick auf die fruchtbare Landschaft der Umgebung. Außer dem Wohnturm ist noch ein Aquädukt erhalten, dessen herabstürzendes Wasser einst eine Zuckerrohrmühle antrieb. In der gotischen Halle daneben wurde der gewonnene Rohrzucker raffiniert (tägl. Winter: 7.30–17.30 Uhr, Sommer: 7.30–19.30 Uhr).

 KOÚKLIA

Höhe: 100 m   Karte: B 2

Lage: 16 km östlich von Páphos an der A 1 Richtung Limassol nahe der Aphrodite-Felsen gelegen.

Sehenswert: Seinen Namen leitet

Burg von Kolóssi, ein Beispiel für Militärarchitektur

das Dorf, das auf dem Areal der antiken Stadt Paleo Páphos (Alt-Páphos) entstand, von der Festung **Covocle** ab. Von dieser Burg aus verwalteten die Lusignans die königlichen Zuckerrohrplantagen der Umgebung. Zwischen der Festung, die heute ein Ausgrabungsmuseum birgt, und dem Dorf erstreckt sich das Gelände des einstigen Aphrodite-Heiligtums, in dem Archäologen allerdings nur äußerst spärliche Baureste zu Tage förderten. Die **Katholiki-Kirche** aus dem 13. Jh. auf der Ostseite des Heiligtums gilt als Zyperns schönste »umgürtete Kirche«. Publikumsmagnet an der nahen Küste sind die Aphrodite-Felsen, von den Einheimischen → **Pétra tou Romioú** genannt, »Fels des Römers«. Hier soll die Göttin der Liebe und der Schönheit der Legende nach dem Meer entstiegen sein. Entlang der Bucht hat man einen herrlichen Blick auf die sich weit nach Osten erstreckende Steilküste.

 KOÚRION

Höhe: 70–80 m   *Karte: B 3*
                         Wanderung: 8

Lage: Gut über die alte Landstraße B 6 Richtung Páphos zu erreichen, liegt die Ausgrabungsstätte an der Steilküste der Bucht von Episkopi 15 km westlich von Limassol.

Geschichte: Laut dem griechischen Geschichtsschreiber Herodot im 14. Jh. v. Chr. von griechischen Siedlern gegründet. Seine Blütezeit erlebte Koúrion (Curium) unter den Römern. 325 wurde die Stadt durch ein Erdbeben zerstört. Im 7. Jh. besiegelten die Arabereinfälle endgültig das Schicksal von Koúrion.

Sehenswert: Die optisch eindrucksvollste archäologische Ausgrabungsstätte im Süden Zyperns liegt auf dem Plateau eines zur schmalen Küstenebene hin steil abfallenden Felsens. Dort wurden die Überreste einer römisch-frühchristlichen Großstadt mit **Theater, Thermen, Agora** und **Nymphäum** sowie vielen Wohnhäusern freigelegt, deren Fußbodenmosaike teilweise erhalten sind. Die beträchtliche Größe der Basilika mit angeschlossener Taufbasilika und dazu gehörigem Bischofspalast lässt das Repräsentationsbedürfnis der frühchristlichen Gemeinde erahnen (tägl. Winter: 7.30–17.00 Uhr; Sommer

Ausgrabungsgelände des antiken Stadtkönigtums Koúrion

7.30–19.30 Uhr). In gutem Zustand ist auch das römische Stadion auf halbem Weg zum einst außerhalb der Stadtgrenzen gelegenen Heiligtum des **Apollo Hylates**, dessen nachweisbare Ursprünge bis ins 8. Jh. v. Chr. zurückreichen. Von den Heilschlafhallen, in denen kranke Pilger auf eine Traumerscheinung des Heilgottes warteten, sind nur noch Grundmauern zu sehen. Teilre-

Freilichttheater

Die sommerlichen Abendvorstellungen im Theater von Koúrion umfassen griechische Tragödien und Komödien sowie Werke alter und moderner internationaler und griechisch-zypriotischer Künstler. Außerdem werden klassische und moderne Konzerte und Ballettaufführungen sowie Ton- und Licht-Shows geboten. Das Programm ändert sich jedes Jahr. Nähere Einzelheiten erfährt man aus der Presse, von den Fremdenverkehrsämtern und den Tourneeveranstaltern oder aus den in den Hotels ausliegenden Informationsbroschüren. Es gibt keine Abendkasse. Eintrittskarten bekommt man in den Fremdenverkehrsämtern oder bei den Verkaufsstellen. Empfehlenswert ist ein Kissen, mit dem man auch lange Aufführungen auf den harten Steinsitzen bequem übersteht, und ein Pullover, denn abends kommt so hoch oben über dem Meer häufig ein kühler Wind auf.

konstruiert wurde dagegen der kleine römische Apollo-Tempel am Ende der kurzen Heiligen Straße (tägl. Winter: 7.30–17.00 Uhr; Sommer: 7.30–19.00 Uhr).

► KYRÉNIA-GEBIRGE

Höhe: 1024 m   *Karte: D 4–6*

Lage: Das Kyrénia-Gebirge erstreckt sich im türkisch besetzten Landesteil entlang der Nordküste. Der auch Pentadactylos genannte Gebirgszug verläuft von West nach Ost wie ein mauerartiger Grat, der das Inland vom Meer trennt. Dieser beginnt nahe dem Kap von Kormakitis an der Spitze von Kronos im Westen und endet nach einer ganzen Reihe von Hügeln und Gebirgsspitzen auf der Halbinsel von Karpassía.

Sehenswert: Der zweite Gebirgszug Zyperns ist eine kaum bewaldete, karge Bergkette, die vorwiegend aus Sedimentgesteinen (Kalken) besteht. Dem Gebirgszug benachbart liegt die → **Mesaória-Ebene**, die ihrerseits wiederum ans → **Tróodos-Gebirge** grenzt. Die höchsten Bergspitzen des Kyrénia-Gebirges sind Kyparisowouno (1024 m) und Bouphavento (955 m). Zu den niedrigsten Gipfeln zählt der Pentadactylos (»Fünf Finger«), der nur 740 m misst; in der Mitte des Gebirgszuges gelegen, war er andererseits für die ganze Gebirgskette namensgebend. Durch seine charakteristischen fünf Spitzen ist die-

Orchideenparadies

Zypern ist eine Schatzkammer der Orchideen, von denen die meisten im Kyrenia- und in geringem Umfang auch im Tróodos-Gebirge wachsen, andere sind an der Küste beheimatet. Die Orchidee hat inzwischen einen Sammlerwert erreicht, der sich schon fast mit dem seltener Antiquitäten vergleichen lässt, selbst wenn einige Arten zu den »streng geschützten Blumenarten« gehören. Von den 45 Orchideenarten Zyperns sind drei vom Aussterben bedroht; andere sind durch den Verlust ihres Lebensraumes bedroht, der entweder der Kultivierung, der Wiederaufforstung oder Tourismuseinrichtungen zum Opfer fällt. Im Flachland findet man die gelbe Bienenorchidee oder die Pyramiden-Orchidee (Foto), die gewelltblättrige Affenorchidee, die heilige Orchidee, in den Tróodosbergen die zyprische Stendel und andere Arten. Selbstverständlich darf man keine dieser Pflanzen pflücken oder zertreten. Die besten Monate, die Orchideen zu entdecken, sind März und April.

ser Berg bereits aus größerer Entfernung zu erkennen. Der letzte höhere Gipfel in den östlichen Ausläufern der Gebirgskette ist der Kantara (764 m).

▶ LACHÍ (LAKKI)

Höhe: Meereshöhe	Karte: C 1
	Wanderung: 29

Lage: Drei Kilometer westlich von → **Pólis** an der Bucht von Chrysochou.

Sehenswert: Der heutige Fischereihafen, ehemaliges Zentrum der Schwammtaucher, ist das Tor zum Akámas. Am Hafen und entlang der Strandpromenade gibt es einige gute Tavernen, die auf Meeresfrüchte spezialisiert sind. Zu beiden Seiten gibt es Sand- und Kieselstrände, die zum Baden einladen. Lachí ist auch das Zentrum für Ausflugsfahrten um die Akámas-Halbinsel und für Tauchexpeditionen.

▶ LAGOUDHERÁ

Höhe: 1000 m	Karte: C 3
Einwohnerzahl:	Wanderung: 19, 20

Lage: Der abgeschiedene Gebirgsort befindet sich 25 km östlich von Tróodos, gut auf der F 943 über Spilia und Saranti zu erreichen.

Sehenswert: Das Schmuckstück dieses Dorfes ist die Scheunendachkirche **Panagiá tou Arákou**, die wie im Falle der Kirche in → **Asínou** der Muttergottes geweiht ist. Auch hier bekommt die Gottesmutter den Beinamen einer Pflanze (gr. Arakas = Erbse). Das Gebäude stammt wie in Asinou aus dem 12. Jh. Die erhaltenen Fresken zählt man zu den ausdrucksvollsten Wandmalereien Zyperns, seit ihrer Restaurierung Anfang der 70er-Jahre erstrahlen sie wieder in leuchtenden Farben. Wie überall auf der Insel bilden die Motive eine Art Volksbibel für die des Lesens unkundigen Menschen. Besonders schön ist die Geburt Christi, die sich gegenüber der Anástasis (Abstieg Christi in die Vorhölle) befindet.

Tipp

Das Osterfest auf Zypern

Wichtigstes aller Kirchenfeste ist das Osterfest. Schon in der Karwoche werden morgens, nachmittags und abends Gottesdienste abgehalten. Am Gründonnerstag backen die Frauen Flaoúnes, kleine Osterkuchen, die mit Eiern, Käse und Pfefferminze gefüllt sind. Der Sitte gemäß, werden Eier rot gefärbt, um an Christi Blut zu erinnern. In den Kirchen verhängt man zum Zeichen der Trauer die Ikonen mit schwarzen Tüchern. Am Abend, nach der Karfreitagsmesse, wird der Epitháphios (Christusbild) von Männern in einer Prozession durch den Ort getragen. Feuerwerkskörper werden abgeschossen, um die bösen Mächte zu verjagen. Der Samstag ist für die Hausfrauen mit Putzen und Kochen ausgefüllt. Vor den Kirchen werden Scheiterhaufen errichtet, auf denen nachts eine Holznachbildung des Judas verbrannt wird. Um 23 Uhr beginnt die Ostermesse, die alle Gläubigen mit einer Kerze in der Hand besuchen. Um Mitternacht geht das Licht aus, und der Priester tritt hinter der Ikonostase hervor mit den Worten: »Christós anésti« – Christus ist auferstanden. Die Gemeinde antwortet: »Alithós anésti« – Wahrlich, er ist auferstanden. Daraufhin zündet der Priester die erste Kerze an. Draußen werden Feuerwerkskörper abgeschossen und die Figur des Judas verbrannt. Nachdem man allen ein schönes Fest gewünscht hat, zieht man nach Hause und isst die traditionelle Ostersuppe, die Margeirítsa, die aus Innereien des Lamms besteht. Der Ostersonntag gehört dann ganz den Familien, man brät das Osterlamm und feiert fröhlich das Osterfest.

▶ LANIA

Höhe: 700 m	*Karte: B 3*

Lage: In den südlichen Ausläufern des Tróodos-Gebirges; über die B 8 von Limassol zu erreichen.

Sehenswert: Im Tróodos-Gebirge liegt das Dorf Lania, in dem die Ateliers mehrerer in- und ausländischer Künstler und Kunsthandwerker zu besichtigen sind. Einen Besuch lohnt auch das Café Royal Oak in der Nähe des Ortes, dessen Terrasse von einer 17 Meter hohen und mindestens 500 Jahre alten Portugiesischen Eiche (Quercus lusitanica) mit einem Stammumfang von 6 Meter dominiert wird.

▶ LÁRA-BEACH

Höhe: Meereshöhe	*Karte: C 1*
	Wanderungen: 22, 24, 26

Lage: 30 Kilometer nördlich von Páphos an der Westküste der Akámas-Halbinsel gelegen.

Sehenswert: Der Strand von Lára ist Schutzgebiet für die bedrohten Meeresschildkröten, die im Sommer hier ihre Eier ablegen. Dann ist auch das Betreten des Strandes untersagt. Im Winter, wenn die Schildkröten wieder fort sind, gibt es keine Einschränkungen mehr für das Betreten des Strandes. Früher konnten sich weibliche Schild-

Schildkröten-nester werden vorbildlich markiert.

kröten, die vom Meer an ihren Geburtsort zurückkehrten, an den Stränden Zyperns ungestört zurückziehen. Sie legten an die hundert Eier in Löcher, die sie in den Sand gruben. Auch unter normalen Umständen überlebte in der Regel nur eine Schildkröte aus dem Gelege das Spießrutenlaufen am Strand. Natürliche Räuber warteten auf das Schlüpfen der Schildkrötenbabys. Auch heute wagen sich noch einige Schildkrötenweibchen an die Strände, die von Hotels und Tavernen zugebaut sind. Viele frisch geschlüpfte Schildkröten kommen dadurch ums Leben, dass sie instinktiv dem Lichtschein folgen. So laufen sie häufig auf künstliche Lichtquellen zu. Normalerweise verlassen sie das Gelege in Vollmondnächten, wenn sich der Mondschein im Meer spiegelt. Durch ihren Irrtum sterben jedes Jahr Hunderte Schildkröten, deren Bestand stark gefährdet ist. Das **Lára-Projekt** sorgt nun für den Schutz der Tiere, die nach fünf bis zehn Wochen im Gelege zwischen Juni und September schlüpfen. Die jungen Schildkröten haben dabei eine Größe von knapp 50 mm. Durch die ständige Bewachung der Gelege hat sich die Überlebenschance vervierfacht. Doch das Schutzprojekt ist stark gefährdet, da ein Großteil des Strandes der orthodoxen Diözese Páphos gehört, die äußerst geschäftstüchtig ist und am Ausgang der Bucht eine Hotelanlage bauen möchte. Man kann nur hoffen, dass die Geschäftsinteressen nicht siegen. Für Besucher des Strandes gelten folgende Regeln: Es ist verboten, Sonnensegel, Sonnenschirme oder Zelte aufzuschlagen, Wohnwagen zu parken oder mit dem Auto den Strand zu befahren. Der Strand muss auch vor Sonnenuntergang verlassen werden; Schwimmen ist während der Brutzeit verboten. Wer das Schlüpfen beobachten möchte, kann dies am Strand des Natura-Beach-Hotels in der Nähe von Pólis tun. Das Hotel schützt die Schildkrötennester an seinem eigenen privaten Strand vorbildlich.

▶ LÁRNACA

| Höhe: Meereshöhe | Karte: C 5 |
| Einwohnerzahl: 43 600 | Wanderungen: 3, 4 |

Lage: Die Hafenstadt Lárnaca liegt im äußersten Südosten des griechischen Teils Zyperns. Autobahnen verbinden sie mit Nikosia und Limassol.

Geschichte: Die Stadtgeschichte reicht 4000 Jahre zurück. Schon im Alten Testament findet die Stadt als »Chittim« Erwähnung und gilt als Gründung eines Enkels von Noah. Ausgrabungen zeigen, dass in der langen Historie der Stadt zu allen Zeiten reger Handelsverkehr herrschte. Haupthandelsgut war Kupfer. Unter den Franzosen hieß Lárnaca wegen der Salzgärten Salina bzw. Salines. Nach der Teilung Zyperns 1974 wurde die Stadt durch die Eröffnung des internationalen Flughafens und den Zustrom von 40 000 Flüchtlingen aus dem türkisch besetzten Teil zu neuem Leben erweckt.

Sehenswert: Die Stadt mit dem bedeutendsten Yacht- und Erdölhafen Zyperns dehnt sich an der Stelle des antiken Kítion, eines bis ins 5. Jh. v. Chr. von Phöniziern beherrschten Stadtkönigreiches, aus. Freigelegt wurde bisher nicht viel mehr als die **Akropolis** mit Resten von

Türkische Grabstele an der Cami Kebir Tempeln und Kupferverhüttungsanlagen. Der **Salzsee** zwischen Stadt und Flughafen soll durch einen Fluch des hl. Lazarus entstanden sein. Jener durch Christus von den Toten Auferweckte war der Legende nach Kítions erster christlicher Bischof. Über der Fundstätte eines Sarkophags mit seinem Namen entstand im 9. Jh. die Kirche **Agios Lazaros**, deren Turm aber erst Mitte des 19. Jhs. angefügt wurde. Am Westufer des Salzsees erhebt sich die **Moschee Hala Sultan Tekke** (Winter: tägl. 7.30–19.30 Uhr; Sommer: tägl. 7.30–19.30 Uhr) aus dem 19. Jh., bis 1974 bedeutendstes Pilgerziel aller Moslems der Insel. Aus türkischer Zeit stammt auch das kleine Fort am westlichen Ende des Stadtrandes. Bemerkenswertestes

Tipp

Das Sintflutfest

Ein Fest ganz besonderer Art, welches heute allerdings schon eher Volksfestcharakter hat, wird jedes Jahr zu Pfingsten in Lárnaca gefeiert: Kataklysmós – das Sintflutfest. Es soll an die Sintflut erinnern, ist jedoch wohl auf vorchristliche Waschungsriten im Zusammenhang mit dem Aphroditekult zurückzuführen. Am Pfingstsamstag wird der Toten gedacht, deren Gräber man besucht. Am Sonntag ist der Tag des »Dreimal-Niederkniens«. Dabei erbittet man sich die Gnade des Heiligen Geistes; man fleht um Vergebung der Sünden und bittet um Gnade für die Toten. Am Montag bespritzt man sich gegenseitig mit Wasser, um sich von den Sünden zu befreien. Für die meisten ist dies ein großer Spaß, der nichts vom religiösen Hintergrund erahnen lässt.

Museum Lárnacas ist die **Pieríedes-Sammlung** mit archäologischen Funden aus drei Jahrtausenden (geöffnet 1. Oktober bis 14. Juni; Mo–Fr 9.00–13.00 Uhr, 15.00–18.00 Uhr, Sa 9.00–13.00 Uhr; 15. Juni – 30. September, Mo–Sa 9.00–13.00 Uhr, 16.00–19.00 Uhr). Der Name des nahegelegenen Dorfes → **Kíti** wird vom antiken Kítion abgeleitet. Die Apsis der Dorfkirche Panagiá Angeloktistos mit einem prachtvollen Mosaik ist das letzte Relikt einer frühchristlichen Basilika.

Info: Plateia Vasileos Pavlou, CY 6023 Lárnaca, Tel. 04/65 43 22; Lárnaca International Airport, CY 7130 Lárnaca 04/64 35 76.

▶ LÉFKARA

| Höhe: 650 m | Karte: B 4 |
| | Wanderung: 5 |

Lage: Über die Autobahn (Ausfahrt 13) von Lárnaca gut erreichbar, liegt der Ort in den hügeligen Machairas-Wäldern.

Sehenswert: Allein schon der hübsche malerische Anblick des Zwillingsstädtchens **Páno (»das obere«)** und **Káto (»das untere«) Léfkara** wäre eine Reise wert. Besonders Páno besitzt viele Steinhäuser mit geschnitzten Türen und schmiedeeisernen Balkonen. Doch berühmt wurde der Ort durch seine Hohlsaum-Stickereien. Schon früh zogen die Männer des Dorfes handelnd durch ganz Europa und Kleinasien.

Das ist nun nicht mehr nötig, denn inzwischen fahren Touristenbusse die Kunden in den Ort am Südausläufer des Tróodos. Die Frauen sitzen gewöhnlich im Schatten der Bäume und ziehen mit fleißigen Händen Baumwollfäden durch importiertes irisches Leinen. Viele der aufwendigen Muster existieren nur im Kopf der Stickerin, und manches komplizierte Stück braucht auch mal ein Jahr bis zur Vollendung. 1481

soll hier Leonardo da Vinci eine gestickte Decke für den Altar des Mailänder Doms gekauft haben. Weitere Spezialitäten Léfkaras sind Silber- und Goldschmiedearbeiten. Da die Gassen des Ortes sehr eng sind, empfiehlt es sich, zu Fuß zu gehen. Leider wird der Eindruck solcher Erkundungsgänge durch die Aufdringlichkeit der Händler zeitweise sehr getrübt.

Die Herstellung der Léfkara-Spitzen geht auf venezianische Adelsdamen zurück.

▶ LEMBA

| Höhe: 100 m | Karte: B 1 |

Lage: Die Künstlerkolonie liegt 5 km von Páphos entfernt, eingebettet zwischen den Ortschaften Chlorakas und Kisonerga.

Sehenswert: Der Ort gilt wegen der dort ansässigen Keramiker, Maler und Bildhauer als das Künstlerdorf Zyperns. Inmitten von Zitrushainen gelegen, verbringen Studenten vom Cyprus Art College hier ihre Ferien in kleinen Ateliers. Bizarre Skulpturen säumen die Zugänge zum Kolleg, das auch Ausländer aufnimmt. Wie man in dieser Gegend vor etwa 4500 Jahren lebte, zeigen die von schottischen Archäologen rekonstruierten Hütten des bronzezeitlichen Dorfes.

LIMASSOL

Höhe: Meereshöhe	Karte: B 3
Einwohnerzahl: 136 500	Wanderungen: 7, 11, 12, 14

Lage: Hafenstadt und Verkehrsknotenpunkt im Süden der Insel an der Halbinsel Akrotiri.

Mit dem Boot zum Aphrodite-Felsen

Die Häfen von Limassol sind sehr betriebsam, und man fragt sich, ob man hier wirklich ein Boot besteigen soll. Doch das Ziel lässt alle Zweifel verfliegen. Die Fahrt kann man entweder mit einem Ausflugsschiff oder mit einem Mietboot machen. Die Fahrtdauer hängt sehr vom Boot ab. Die Fahrt beginnt meistens im neuen Handelshafen von Limassol und führt zuerst entlang der Lady's Mile Beach, vorbei an der Ostküste der Halbinsel Akrotíri mit ihrem vom Meer aus sichtbaren Salzsee. Der Stützpunkt der Royal Air Force liegt versteckt hinter dichten Dünen- und Vegetationsgürteln. Hin und wieder steigt ein Düsenjet vom Typ Tornado oder Jaguar auf. Nachdem das Kap Gata und das Kap Zevgari umfahren wurde, fährt man an der Westküste der Halbinsel entlang, passiert die Felsen von Koúrion mit ihren Ausgrabungen, um schließlich, Aphrodite gleich, das Land von der Meerseite zu erreichen. Die Göttin muss ähnlich empfunden haben: ein wahrhaft »göttlicher« Anblick erwartet einen.

Informationen über die Bootstouren erfragt man am besten in der Hotelrezeption.

Geschichte: Die Stadtgeschichte beginnt mit der Zerstörung des antiken Koúrion (Lárnaca) im Jahre 365. Die Neugründung Neápolis, später Némesos genannt, nahm einen langsamen Aufschwung und erlebte am 12. Mai 1191 ihren ersten feierlichen Höhepunkt mit der Hochzeit von König Richard Löwenherz mit Berengaria, der Tochter des Königs von Navarra. Doch auch Limassol wurde durch ein Erdbeben 1330 und anschließende Plünderungen durch die Genueser dem Erdboden gleichgemacht. Es folgten immer wieder Erdbeben und Zerstörungen durch Überfälle, bis die Wende durch die britische Herrschaft eingeleitet wurde. So wuchs die Einwohnerzahl in den vergangenen 100 Jahren von 6000 auf fast 140000. Als größter Hafen Zyperns ist die Stadt zum Dreh- und Angelpunkt des Handels geworden. So zogen viele Firmen aus Beirut nach Limassol und bauten einen blühenden Orienthandel auf.

Sehenswert: Zyperns südlichste Stadt profitierte nach 1974 am meisten von der Ansiedlung ausländischer Banken, von Finanzinstituten, Reedereien und anderen Unternehmen sowie dem Verlust der bis da-

Fröhlicher Umtrunk

Für den feucht-fröhlichen Ruf der Stadt Limassol sind sicher auch die großen Weinkellereien und Brauereien verantwortlich. Ganz in der Nähe des Hafens im Westen der Stadt haben sich die vier großen Betriebe KEO, SODAP, ETKO und LOEL niedergelassen. Eine Besichtigung mit anschließender Verkostung der edlen Tropfen ist vormittags möglich. Informationen bekommt man über die Hotelrezeption und die Tourismusbüros der Stadt. Stin i jammás – auf unsere Gesundheit!

hin einzig wichtigen Hafenstadt Famagusta. Schön kann man Limassol bestenfalls als Hochhaus-Fanatiker nennen. Mit Ausnahme der **Markthalle**, der größten Zyperns, und dem **Bergfried der Burg** in der Odos Irinis, in dem ein interessantes Museum des Mittelalters untergebracht ist (Öffnungszeiten: Mo–Fr 7.30–17.00 Uhr, Sa 9.00–17.00 Uhr, So 10.00–13.00 Uhr), besitzt Limassol keine bedeutenden Sehenswürdigkeiten. Schon außerhalb der Stadtgrenzen liegen die Ausgrabungen der antiken Stadt → **Amáthus** mit der **Agorá** und einer **frühchristlichen Basilika** als augenfälligsten Funden. Ein Pendelbus verbindet Limassol mit **Governor`s Beach**, einem der wenigen noch nahezu unverbauten Strände Zyperns. Südlich von Limassol erstreckt sich die → **Akrotíri-Halbinsel**. Der im Winter von Flamingos bevölkerte Salzsee im Norden der Halbinsel grenzt unmittelbar an das abgeriegelte Gelände eines britischen Hoheitsgebietes mit großem Militärflughafen und vielen Radaranlagen. 15 km östlich von Limassol steht das 1880 neu gegründete Nonnenkloster **Ágios Georgios Alamanos**, vor dessen Kulisse man sich auf weißen Felsschollen sonnen kann, die vom Meer geräuschvoll unterspült werden.

Info: Spyrou Araouzou 130, CY 3036 Lemesos, Tel. 05/36 27 56; Georgiou A'22, CY 4047 Lemesos, Potamos tis Germasogeias, Tel. 05/32 32 11.

▶ **MESAÓRIA-EBENE**

Höhe: 100–300 m	*Karte: C 3*
	Wanderungen: 15, 19

Lage: Die Mesaória-Ebene erstreckt sich zwischen den beiden großen Gebirgszügen Zyperns, dem → **Tróodos-Gebirge** einerseits und dem → **Kyrénia-Gebirge** andererseits. Die von Sedimentplatten und fruchtbaren Schwemmböden gebildete Mesaória-Ebene (»zwischen den Gebirgen«) läuft im Nordosten in die Mórphoubucht aus, im Osten in die Bucht von Famagusta.

Sehenswert: In der Mesaória-Ebene liegt Zyperns geteilte Hauptstadt → **Nicosia**, die mit ca. 230 000 Einwohnern auch die größte Stadt der Insel ist. Der größte Teil der fruchtbaren Mesaória-Ebene aber ist seit 1974 türkisch okkupiertes Gebiet.

▶ MONI TIS PANAGIAS TIS TROODITISSAS

Höhe: 1300 m	Karte: C 3
	Wanderung: 16

Lage: Das Kloster schmiegt sich an die Hänge des zentralen Tróodos-massiv. Es ist über die alte Landstraße von Plátres nach Pródromos zu erreichen.

Glockenspiel von Kykko, des reichsten und berühm-testen Klos-ters der Insel

Sehenswert: Das Mönchskloster im Tróodos ist mit seinen 1300 m über dem Meeresspiegel das höchstgelegene Kloster ganz Zyperns. Es wurde zwar bereits im 10. Jh. gegründet, seine heutigen Gebäude entstanden jedoch erst nach einer großen Feuersbrunst 1842. Der Mönchskonvent ist berühmt für seine Fruchtbarkeitswunder. Vielen Frauen, so erzählen die Legenden noch heute, ist nach Gebeten in diesem Kloster der Kinderwunsch erfüllt worden. Leider ist wegen des starken Touristenandrangs in den letzten Jahren das Kloster nur noch für Einheimische geöffnet.

▶ MONI TIS PANAGIAS TOU KYKKOU

Höhe: 1140 m	Karte: C 2
	Wanderungen: 14, 17, 18

Lage: Kykkou thront einsam im westlichen Tróodos auf einem Berg. Es gibt eine gut ausgebaute Verkehrsanbindung durch die E 912 an Pedhoulás und Pródomos.

Sehenswert: Das Fotografierverbot in der Kirche von Zyperns reichstem und berühmtestem Kloster sollte man strikt befolgen; man könnte sonst sehr rabiat aus dem Kloster hinausbefördert werden. Zudem erhöht jeder Verstoß die Gefahr, dass auch dieses Kloster auf Dauer für Touristen geschlossen wird. Die weitläufigen Gebäude des im 11. Jh. gegründeten Klosters wurden nach dem letzten Großbrand 1813 errichtet. Der Mosaikschmuck in den beiden Innenhöfen stammt aus den 80er-Jahren des 20. Jhs., ebenso die Ausmalung der Klosterkirche. Historische Kunstschätze birgt das vollklimatisierte **Klostermuseum**. Größte Bedeutung für die Gläubigen besitzt eine **Marienikone**, die der Evangelist Lukas auf einem ihm von Engeln überbrachten Holzbrett gemalt haben soll. Das Kloster ist gleichzeitig der größte Landbesitzer der Insel. Viele der Grundstücke sind Schenkungen von Gläubigen, die auf diese Weise die im Osmanischen Reich erhobenen Erbschaftssteuern umgehen wollten. Der bekannteste Spross des Klosters, der spätere Erzbischof Makarios, war einst Novize in Kykko. In einer Höhle auf dem **Berg Throni** oberhalb des Klosters fand Makarios III. auf eigenen Wunsch seine letzte Ruhestätte. Auf guten Waldstraßen kann man von hier aus ins **Tal der Zedern** weiterfahren, in dem noch etwa 40 000 Zedern der endemischen **Cedrus brevifolia**, einer Unterart der Libanon-Zeder, wachsen. Einen Besuch wert ist auch die Forststation **Stavros tis Psokas**. Dort kann man nicht nur auf einem großen, von Einheimischen sehr geschätzten Grill-

und Picknickplatz eine kleine Pause einlegen, sondern auch in einem Gehege Mufflons beobachten.

▶ MONI TIS PANAGIAS TOU MACHERAS

Höhe: 800 m	Karte: C 4
	Wanderung: 2

Lage: Das berühmte Kloster wurde am Fuße des gleichnamigen Berges (1423 m) an der westlichen Grenze des Machairas-Waldes errichtet. Die E 902 führt von Nikosia in die Region rund um das Kloster.

Sehenswert: Das Männerkloster Macheras (griech. Machairi = Messer) am Hang des Berges Kionia war von 1955 bis 1959 ein Hort des antibritischen Widerstandes, wovon das **Denkmal für den Freiheitskämpfer Afchendiou**, der in einer nahe gelegenen Grotte den Tod fand, zeugt. Die Gründung des Klosters geht auf das angebliche Auffinden einer Ikone der Muttergottes zurück, in deren Rückwand ein Messer steckte. Nach einer verheerenden Brandkatastrophe 1892 entstanden die Klostergebäude neu. Das Kloster ist eine getreue Nachbildung, bloß ohne die Patina des Alters. In dem von einem zweistöckigen Zellentrakt umgebenen Innenhof liegt die Klosterkirche mit ihrem malerischen Glockenturm. Das Innere des Gotteshauses wurde erst vor wenigen Jahren mit neuen Wandmalereien versehen. Bis heute schmückt die alte Muttergottesikone die Ikonostase. Wie durch ein Wunder entging das Marienbild der schweren Feuersbrunst. Von hier ist es nicht weit in das unter Denkmalschutz gestellte Bergdorf **Fikardou**, das noch viele gut erhaltene Häuser aus dem 19. Jh. vorzuweisen hat. In zwei Gebäuden wurde ein Museum eingerichtet.

▶ MONI TOU ÁGIÓ NEOPHYTOU

Höhe: 400 m	Karte: B 1
	Wanderung: 21

Lage: Die Einsiedelei wurde nördlich von Páphos in den Fels gehauen, 14 km abseits der B 7.

Sehenswert: Wunderschöne byzantinische Wandmalereien birgt das Höhlenkloster des heiligen Neóphytos unweit von Páphos. Das Kloster geht auf den Einsiedler desselben Namens zurück, der 1152 als Achtzehnjähriger die Flucht vor der Ehe ergriff und sich stattdessen ins Kloster zurückzog. Doch offenbar war ihm auch das Klosterleben

zu turbulent, und er entschied sich, sein Dasein als Eremit in einer Höhle zu fristen. Berühmtheit erlangte er durch seine 1196 verfassten Kampfschriften gegen die Ausbeutung durch die Byzantiner und Kreuzfahrer. Bereits zu Lebzeiten war er hoch verehrt; seine Einsiedlerklause war schon damals ein beliebter Pilgerort. In den 40 Jahren seiner Einsiedelei hat Neóphytos die natürlichen Felsenkammern ausgebaut und eine überwältigende Felsarchitektur geschaffen. In der Kirche des um 1500 neu gegründeten benachbarten Männerklosters werden seine Schädelreliquie und ein Sarkophag, der den von Neóphytos selbst gezimmerten Sarg umgibt, aufbewahrt. Auf dem Weg zum Kloster kann man an **Émba** mit seinem schönen Dorfplatz vorbeifahren. In der Kreuzkuppelkirche **Panagiá Chriseleoussa** aus dem 12. Jh. sind noch mittelalterliche Wandmalereien zu sehen.

Mosaik über dem Eingangsportal des Neóphytos-Klosters

▶ NICOSIA (LEFKOSÍA) SÜD

Höhe: 165 m	Karte: C/D 4
Einwohnerzahl: 190 000	Wanderung: 1

Lage: Die geteilte Stadt liegt direkt an der Grenze zum türkischen Zypern. Autobahnen verbinden sie mit dem Süden und dem Tróodos-Gebirge.

Geschichte: Archäologische Funde bezeugen die mittlerweile 8000-jährige Stadtgeschichte des ehemaligen Lédra. Die große Zeit von Nicosia begann im Jahre 965, als die Byzantiner den arabischen Einfluss auf der Insel beseitigten und die Stadt zum Regierungssitz machten, weil sie neben der zentralen Lage eine längere Vorwarnzeit bei Angriffen von See bot. Den Gipfel ihrer Blüte erreichte sie unter den Lusignans, die hier residierten. Zeitgenossen berichten von dem Prunk und dem Glanz der Stadt. Aber auch Nicosia ereilte ein ähnliches Schicksal wie die anderen zypriotischen Städte; 1491 zerstörte ein Erdbeben den Prunk. Erst unter den Briten wuchs die Stadt dann über die venezianische Stadtmauer hinaus. 1964 riegelten die Türken den nördlichen Stadtteil ab, und seit 1974 verläuft die »Green-Line« durch die Stadt.

Sehenswert: Schon in den Jahren vor der osmanischen Invasion von 1570 wusste Venedig, dass es nur eine Frage der Zeit war, wann das osmanische Heer die Stadt angreifen würde. So begannen die venezianischen Stadtherren einen engen Verteidigungsring zu bauen. Für den Neubau schleiften sie die alte Stadtmauer der Lusignans mit allen Kirchen, Palästen und Häusern. Doch ihre Mühen waren vergeblich, die Osmanen stürmten die Stadt und plünderten und brandschatzten sie. Der vollständig erhaltene Festungsring mit seinen elf Bastionen wirkt auch heute noch beeindruckend. Mitten durch die Altstadt, die durch die Stadtmauer umgeben ist, verläuft die von der UN kontrollierte Demarkationslinie, die **Green Line**. Einer Narbe gleich, zieht sie sich von Ost nach West durch das alte Nikosia. Die bedeutendsten Sehenswürdigkeiten in der giechisch-zypriotischen Hälfte konzentrieren sich auf die Umgebung des 1960 eingeweihten

Die Monumental- statue von Erzbischof Makarios III.

Erzbischöflichen Palastes, vor dem eine Monumentalstatue **Makarios' III.** in Richtung des **Freiheitsdenkmals** auf der Stadtmauer blickt. Das Denkmal aus Bronze und Marmor zeigt zypriotische Bürger, die aus dem dunklen Kerker der britischen Unterdrückung an die strahlende Sonne der Freiheit treten. Ein Teil des Erzbischöflichen Palastes beherbergt das **Byzantinische Museum** mit einer einzigartigen Sammlung zypriotischer Ikonen vom 8. bis 18. Jh. sowie mehrere frühchristliche Mosaiken. Ein Teil der Sammlung wurde nach 1974 im türkischen Teil gestohlen und später von der griechisch-zypriotischen Regierung auf dem Schwarzmarkt und sogar auf normalen Kunstauktio-

Frontenwechsel

Als 1974 ein britischer Offizier mit grüner Tinte eine Linie auf dem Stadtplan von Nikosia einzeichnete, geschah dies zunächst nur in der Absicht, die Trennungslinie zwischen den verfeindeten griechischen und türkischen Zyprioten in der Stadt auf dem Papier zu markieren. So entstand die »Green Line«. Der einzige Übergang vom griechisch-zypriotischen zum türkisch-zypriotischen Sektor ist beim Ledra Palace Hotel. Zwischen 8 Uhr und 13 Uhr können Besucher ihn zu Fuß passieren; sie müssen am selben Tag spätestens um 17.30 Uhr zurück sein. Am Übergang wird ein Passierschein ausgestellt. Es kann vorkommen, dass der Übergang geschlossen ist oder die Öffnungszeiten sich geändert haben. Bis auf Inhaber des Passierscheins darf niemand vom türkisch-zypriotischen Sektor in den griechisch-zypriotischen wechseln. Achten Sie in jedem Fall darauf, dass die türkisch-zypriotischen Behörden ihren Pass nicht stempeln, dass sie pünktlich wieder zurück sind und dass sie nichts bei sich haben, was im Norden gekauft wurde.

nen zurückgekauft. Das Fotografieren ist im Museum strengstens verboten. Kameras werden an der Kasse abgenommen (geöffnet Mo–Fr 9.00–16.00 Uhr, Sa 8.00–12.00 Uhr). Vor dem Gebäude steht die kleine, im 17. Jh. errichtete Kathedrale **Ágios Ioannis** mit ihrer prachtvollen vergoldeten Ikonostase. Verglichen mit den europäischen Kathedralen ist sie eher unscheinbar. 1662 auf den Ruinen eines Benediktinerklosters errichtet, ist sie heute Staatskirche mit einem Thron für den Erzbischof und Ehrenplätzen für den Präsidenten der Republik und den griechischen Botschafter (geöffnet Mo–Fr 8.00–12.00 Uhr, 14.00–16.00 Uhr, Sa 8.00–12.00 Uhr). Nördlich daran schließt sich der Anfang des 18. Jhs. erbaute Alte Erzbischöfliche Palast an. In dem Gebäude ist jetzt ein **volkskundliches Museum** untergebracht, zu dessen Sammlung Trachten des 19. Jhs., Wandteppiche, Stickereien und Keramik gehören (geöffnet Mo–Fr 9.00–17.00 Uhr, Sa 10.00–13.00 Uhr). Über die Lebensweise wohlhabender Zyprioten um 1800 kann man sich im nahen Haus des **Hadjigeorgakis Kornesios** informieren. Georgakis Kornesios war ein Dragoman, ein griechischer Beamter der Hohen Pforte in Istanbul, der als eine Art Vermittler zwischen dem osmanischen Hof und dessen griechisch-zypriotischen Untertanen fungierte. Diese Funktion war ein Balanceakt, der viele Chancen und Risiken in sich barg. Der Luxus seines Hauses zeigt seine erfolgreiche Tätigkeit, sein Tod durch den Henker zeigt den missglückten Teil seiner Mission. Das restaurierte Herrenhaus aus dem 18. Jh. birgt zugleich das ethnographische Museum, es umschließt einen Hof mit einem türkischen Hamam (Dampfbad). Im oberen Stock befinden sich die Räume des besagten Kornesios, darunter ein Empfangszimmer mit Liegesofa, ein Wohnzimmer und ein

Schlafzimmer. Im Erdgeschoss liegen die Dienstboten- und die Lagerräume. Kolonnaden und ein schönes Balkenwerk im osmanischen Stil wirken ebenfalls sehr beeindruckend (geöffnet Mo–Fr 8.00–14.00 Uhr, Sa 9.00–13.00 Uhr). Jüngster Publikumsmagnet in der Altstadt ist das **Laïki Geitonia** genannte, phantasievoll restaurierte Viertel mit Tavernen und Souvenirgeschäften sowie einem sehenswerten **Schmuckmuseum** (geöffnet Mo–Fr 10.00–16.30 Uhr) und dem **Levendis Municipal Museum** zur Stadtgeschichte (geöffnet Di–So 10.00–16.30 Uhr). Vom Dach der inzwischen von syrischen Moslems verwalteten **Omeriye-Moschee**

Das höchste Fest der Zyprioten: die Hochzeit

(geöffnet »zu jeder angemessenen Stunde und immer, wenn es ein Gebet gibt«) sieht man hinüber in den türkisch besetzten Teil der Altstadt, der von den markanten Türmen der einstigen Sophienkathedrale aus dem frühen 13. Jh. dominiert wird. Verlässt man die Altstadt durch das **Páphos-Tor**, neben dem **Famagusta-Tor** einer der drei historischen Durchgänge durch den Festungsring, spürt man die Green Line hautnah. Direkt im Anschluss an das Tor gelangt man in den **Stadtpark**, der außerhalb der Stadtmauer liegt. Blumen und Schatten spendende Bäume lassen besonders im Sommer eine grüne Oase entstehen. Gleich neben dem Stadttheater liegt das **Garden Café Restaurant**, wo man sich von der Hitze und einem Stadtbummel erholen kann. In der Neustadt von Nicosia lohnt nur das **Zypernmuseum** (Nationalmuseum oder Archäologisches Museum) direkt gegenüber dem Stadtpark einen Besuch (geöffnet Mo–Sa 9.00–17.00 Uhr, So 10.00–13.00 Uhr). Die bescheidene Größe des Museums lässt das Herz manches Touristen in Gedanken an seine müden Beine höher schlagen. Trotzdem gibt es viel Verblüffendes und Interessantes aus 10 000 Jahren zypriotischer Geschichte zu entdecken. Dabei muss man sich vor Augen halten, dass ein großer Teil des kulturellen Erbes Zyperns in anderen Museen oder privaten Sammlungen verstreut wurde oder, anders gesagt, gestohlen wurde. Der Stolz des Museums ist, wie kann es anders sein, eine Statue der Aphrodite – die **Aphrodite von Soloi.**

Info: Aristokyprou 11, Laïki Geitona, CY 1011 Lefkosia, Tel. 02/67 42 64.

▶ NICOSIA (LEFKOSÍA) NORD

Höhe: 165 m	Karte: C/D 4
Einwohnerzahl: 45 000	Wanderung: 1

Von weitem sichtbares Wahrzeichen Nord-Nicosias ist die ehemalige **Sophienkathedrale**, die durch Anfügung von Minaretten und den Einbau von Gebetsnischen im 16. Jh. in die **Selemiye-Moschee** verwandelt wurde. Weitere Sehenswürdigkeiten im Norden der Stadt sind die beiden Karawansereien **Kumarcilar Han** und **Büyük Han**, die **Arab-Ahmed-Moschee** aus dem 17. Jh. Zu Ehren eines türkischen Feldherren erbaut, ist sie heute die einzige erhaltene Kuppelmoschee Nicosias. Der **Bedesten** (überdachter Markt) war ursprünglich eine im 12. Jh. erbaute byzantinische Kirche, die von den Türken im 16. Jh. in eine Markthalle und einen Getreidespeicher umfunktioniert wurde. Gegenüber seiner Südseite befinden sich auch heute noch die Markthallen. Das bedeutendste Museum im Nordteil ist das **Lapidarium**, 50 m östlich der Sophienkathedrale gelegen. Im Museum werden mittelalterliche Architekturfragmente, Grabsteine und Mobiliar ausgestellt.

Souvenirs, Souvenirs

Wer kennt sie nicht, die leidige Frage: Was bringe ich wem mit? Gut fährt man meist nach der Devise, was einem selbst gefällt, kann man getrost verschenken oder wenn es sehr gefällt, selber behalten. Damit dem armen Touristen eine Last abgenommen wird, wurden sogenannte CHS-Läden auf Zypern eingerichtet. Das CHS steht für Cyprus Handicraft Service (Nicosia, Leoforos Athalassis 186, Tel. 02/30 50 24), eine Einrichtung, in der man den Handwerkern über die Schulter schauen kann. Die Waren, die sie produzieren, sind zwar nicht billig, aber man weiß nun auch warum. So entstehen vor den Augen des Betrachters Stickereien, schöne handgewebte Stoffe, Keramik, Körbe, Metallarbeiten und Schnitzereien von hoher Qualität. Wer keine Zeit hat, die Herstellungsvorgänge zu betrachten, kann die Waren auch gleich in den CHS-Läden erwerben.

Nikosia: Laïkí Yitoniá, Odos-Aristokyprou 6, Tel. 02/30 30 65.

Lárnaca: Odos Kosma Lysioti 6, Tel. 04/63 03 27.

Limassol: Odos Themidos 25, Tel. 05/30 51 18.

Páphos: Leoforos Apostolou Pavlou 64, Tel. 06/94 02 43.

 **OLYMP**

Höhe: 1951 m	Karte: C 3
	Wanderungen: 9, 11, 19

Lage: Höchster Berg der Insel im zentralen Tróodos, gute Straßenanbindung durch die B 8 von Limassol und die B 9 von Nicosia.

Sehenswert: Militärstützpunkte gibt es überall auf der Insel, leider auch auf Zyperns höchstem Gipfel, dem Olymp, auch Chionistra genannt. Wo einst die Göttin Aphrodite ihren Sitz hatte, befindet sich heute eine britische Radarkuppel, durch Stacheldrahtzäune und Wachposten abgeschirmt. Auf den Doppelgipfel des höchsten Inselberges führt eine Asphaltstraße. Während ein Gipfel wegen militärischer Radarkuppeln für Besucher gesperrt ist, darf der zweite, der eine Fernsehantenne und einen Feuerwachturm trägt, betreten werden. Die Aussicht reicht bis zum → **Moni tis panagias ton Kykko**, zum **Kyrenia Gebirge** und zur Bucht von Mórphou.

 **ÓMODHOS**

Höhe: 850 m	Karte: B 3
	Wanderung: 12

Lage: Auf dem Weg aus dem Tróodos zur Südküste der Insel führt von Páno Plátres eine landschaftlich besonders reizvolle Route (E 803) durch Ómodhos am Südrand des Tróodos-Gebirges.

Sehenswert: Der Ort ist ein Beispiel für die Bemühungen, das langsame Sterben der Dörfer zu stoppen. Als größtes Weindorf liegt es 8 km südwestlich von Plátres am Rande der Weinanbaugebiete. Mit Hilfe der Regierung wurde Ómodhos restauriert; Läden, Straßenstände und Cafés wurden gebaut. In den Läden werden die vor Ort hergestellte Pipilla-Stickerei, ringförmiges Arketana-Brot – eine Spezialität des Ortes, die es mittlerweile überall auf der Insel gibt – und Schmuck angeboten. Besonders empfehlenswert ist auch »Zyperns Wonne«, die köstlichen Weine aus der Region. Am Rand des schönsten zypriotischen Dorfplatzes steht der Legende nach schon seit 327 das **Heiligkreuzkloster**, das als bedeutendste Reliquien den Schädel des Apostels Philip-

Ökologischer Wein

Er sieht nicht wie ein zypriotischer Weinbauer aus; Georgios Yiallouros war es auch nicht, bis er Ende der 80er-Jahre mit seiner Frau Joana die Kellerei gründete. Schweißer war eigentlich sein gelernter Beruf, bevor er Winzer wurde. Auf seinem Weingut bei Agios Amvrosios, ein paar Kilometer südlich von Ómodhos, produziert er nun ökologische Weine, die außerdem noch gut schmecken. Heute werden auf seinem Gut jährlich 60 000 Flaschen Wein abgefüllt: Ambelida (trockener Weißwein), Oenanthi (Rosé) sowie die Rotweine der Sorten Agravani, Agrambeli und Cabernet Sauvignon.

Türkische Baustile der Moscheen zeugen vom ehemals friedlichen Zusammenleben der griechischen und türkischen Zyprioten.

pus sowie Splitter vom Kreuz Christi und Reste des Seiles birgt, mit dem dieser gebunden wurde. Mehrere historische Häuser an den gepflegten Dorfgassen sind für Besucher geöffnet, darunter auch eines mit der ältesten noch funktionstüchtigen Weinpresse der Insel. Im nahe gelegenen Weinbauerndorf **Kilani** sind eine Moschee, die Dorfkirche sowie ein kleines Sakral- und ein Weinbaumuseum zu besichtigen.

Blick auf Panagiá

▶ PANAGIÁ

Höhe: 800 m	*Karte: C 2*
	Wanderung: 23

Lage: An der westlichen Grenze des Páphos-Waldes gelegen. Von der B 7 zwischen Pólis und Páphos kommend, folgt man der Ausschilderung zum Dorf oder dem Kloster Chrysorrogiátissa.

Sehenswert: In dem Geburtsort Erzbischof Makarios' III. erinnert sein in ein Museum umgewandeltes Geburtshaus an den Kirchenfürsten und Staatsmann. Zwei Kilometer außerhalb, inmitten von Weingärten, steht das Kloster → **Panagiá Chrysorrogiátissa**, in dem der einzige Klosterwein Zyperns produziert wird.

▶ PANAGIÁ CHRYSOSPILIOTISSA

Höhe: 300 m	*Karte: C 4*

Lage: Die Kirche wurde rund elf Kilometer südwestlich von Nicosia unweit des Dorfes Káto Dhefterá errichtet.

Sehenswert: Dieses Gotteshaus ist eine der seltsamsten und zugleich liebenswertesten orthodoxen Kirchen Zyperns. »Unsere Liebe Frau von der Goldenen Höhle« steht auf halber Höhe ei-

Mosaik am Brunnen

nes Felsens in einer natürlichen Höhle, die an die Katakomben der verfolgten frühen Christen erinnert; möglicherweise ist die Anlage seit dem 1. Jh. tatsächlich in dieser Weise genutzt worden. Der dämmrige Innenraum, den man über eine Eisentreppe erreicht, ist mit Votivgaben geschmückt, darunter sogar einige Brautkleider.

▶ PANAGIÁ CHRYSORROGIÁTISSA

Höhe: 850 m	*Karte: C 2*
	Wanderung: 23

Einfache Priester (Papas) dürfen in der orthodoxen Kirche verheiratet sein.

Lage: 3 km südlich von Páno Panagiá.

Sehenswert: Wie bei anderen zypriotischen Klöstern soll auch die Gründung von Chrysorrogiátissa der Überlieferung zufolge auf den

wundersamen Fund einer Ikone zurückgehen. Ein Einsiedler namens Ignátios hatte im Jahr 1152 eine Vision, die ihn nach Jeroskipos nahe Páphos führte. Dort, in einer Höhle oder am Strand, fand er eine vom Apostel Lukas gemalte Marien-Ikone. Die Legende, Lukas habe das Urbild der Muttergottes gemalt, geht auf das Ende des 4. Jhs. zurück und soll den Gläubigen die Authentizität der heiligen Bilder beweisen, ganz ähnlich wie beim Acheiropoietos, dem »nicht von Menschenhand gemachten« Bild Christi. Der Einsiedler brachte die Ikone an diesen Ort in die Berge und errichtete eine kleine Kirche, die den Ursprung der Klostergründung darstellt. Noch heute ist die Ikone in der Klosterkirche zu besichtigen. In der schattigen Taverne am Kloster bietet sich die Gelegenheit, den berühmten **Klosterwein** zu probieren. Der Wein ist im Kloster käuflich zu erwerben, der Rotwein, Rosé und Weißwein aus der eigenen Kellerei hat international schon viele Preise gewonnen.

▶ PÁPHOS

Höhe: 0–150 m	*Karte: B 1*
Einwohnerzahl: 32 600	*Wanderungen: 21, 30*

Lage: Die Hafenstadt an der Westküste von Zypern ist über die Autobahn A 1 von Lárnaca und Limassol zu erreichen. Das letzte Teilstück ist noch nicht fertig gestellt. Von Pólis nähert man sich Páphos über die B 7 oder die alte Küstenstraße E 709.

Geschichte: Die Stadt an der Südwestküste mit dem mildesten Klima der Insel wurde von König Nikokles 312 v. Chr. als neue Hauptstadt seines Königreiches gegründet. **Néa Páphos** (Neu-Páphos) löste damit **Páleo Páphos** (Alt-Páphos) als Metropole ab. Wenige Jahre später fiel Zypern in die Hände der Ptolemäer, die Páphos zur Inselhauptstadt erklärten. Aus dieser Zeit stammen die ältesten archäologischen Monumente, die sog. Königsgräber. Die meisten archäologischen Funde hinterließen aber die Römer, die 22. v. Chr. Páphos zur Provinzhauptstadt erhoben.

Sehenswert: Publikumsmagnet sind die gut erhaltenen **Mosaiken** in den sog. **Häusern des Dionysos**, des **Theseus**, des **Aion** und des **Herakles** (Öffnungszeiten Winter: tägl. 7.30–17.00 Uhr, Sommer: 7.30–19.30 Uhr). Im Haus des Dionysos erwartet den Besucher eine

Der Hafen von Páphos

Der Herr der Schlangen

Als Blauhelm kam er auf die Insel, als »Schlangen-Georg« ist er geblieben. Seit 1986 führt Hans-Jörg Wiedel nun seinen Feldzug für ein besseres Verhältnis zwischen Mensch und Schlange, das schon in der Bibel alles andere als unproblematisch ist. Viele Einheimische töteten die Schlangen aus Angst, Aberglauben und Jagdfieber. So bewahren viele zypriotische Familien zur Abwendung des Bösen eine Schlange in einer Flasche auf. Es gilt immer wieder, den Irrglauben zu überwinden, alle Schlangen seien giftig. Als perfektes Gegengift gründete Wiedel 1996 »Schlangen-Georgs Reptilienpark« 14 km nördlich von Páphos. Internationale Medien berichteten über sein Projekt, und er bekam begehrte Auszeichnungen, darunter eine für die Entdeckung einer Grasschlange, die lange Zeit auf Zypern als ausgestorben galt.

Schlangen-Georgs Reptilienpark, Straße von Coral Bay nach Agios Georgios, hinter der BP-Tankstelle, Tel. 06/93 81 60, tägl. von 10 Uhr bis Sonnenuntergang.

Reise durch die heidnische Mythologie: Narziss, der sich in sein Spiegelbild verliebt; Dionysos in triumphierender Prozession; die Zwillingsheroen Castor und Pollux; die tragische Geschichte von Phaedra und Hippolytos; der vom alten Zeus entführte Ganymed; die Liebe zwischen Pyramos und Thisbe; Neptun und Amymone; Apollo und Daphne. Das Orpheushaus verdankt seinen Namen einem Mosaik, das Orpheus mit der Leier darstellt, der durch sein Spiel wilde Tiere betört. Im Theseushaus hat aller Wahrscheinlichkeit nach der römische Prokonsul residiert. Das direkt anschließende Haus des Aion zeigt in einem Mosaik, wie sich der in einen Schwan verwandelte Zeus Leda nähert.

Ein Leuchtturm aus britischer Zeit überragt das teilweise rekonstruierte **römische Odeon**, ein kleines Theater aus dem 2. Jh. Obwohl es nicht so spektakulär gelegen ist wie das in → **Koúrion**, entwickelt das aus Kalksteinquadern gefertigte Halbrund einen gewissen Charme. Älteren Datums sind die auf der nördlichen Seite von Káto Páphos in Meeresnähe gelegenen **Königsgräber** (3. Jh. vor bis 3. Jh. nach Chr.) (Öffnungszeiten Winter: tägl. 10.00–17.00 Uhr, Sommer: 7.30–19.30 Uhr). Hier liegen keine Könige begraben, sondern führende Bürger von Páphos. Die in den Fels geschlagenen Stufen, die zu den Grabkammern führen, lassen tatsächlich an eine Treppe in die Unterwelt denken. Die Archäologen haben ihre Arbeiten hier noch nicht abgeschlossen und werden noch jahrelang damit beschäftigt sein, die Erdschichten abzutragen, die sich über den Grabkammern gebildet haben. Etliche der Grabkammern gehörten wohlhabenden Familien; sie hatten teilweise eindrucksvolle Atrien, die von dorischen Säulen eingefasst und mit Malereien und anderen Ornamentierungen ausgestattet waren. An die Anfänge des Christentums erinnern die in einem

Mosaikdetail aus dem »Triumphzug des Dionysos« im Haus des Aion

antiken Grab eingerichtete Felskapelle **Agia Solomoni** sowie mehrere Basiliken.

Auf einem Ruinengelände bei der Kreuzkuppelkirche **Agia Kyriaki Chrissopolitissa** aus dem 16. Jh. fand man eine Basilika aus dem 4. Jh. und eine gotische Kirche, die Franziskanermönche um 1300 auf dem Boden einer siebenschiffigen Basilika errichtet hatten. Auf demselben Gelände erhebt sich die **Paulus-Säule**. Der Säulenstumpf soll der Legende nach ein Teil der Säule gewesen sein, an der der Apostel im Jahre 45 oder 46 mit 39 Schlägen ausgepeitscht wurde, wahrscheinlich bevor er den römischen Prokonsul Sergius Paulus zum Christentum bekehren konnte. Die Ruine der Festung **Saranta Kolonnes** (vierzig Säulen), bisweilen auch Byzantinische Burg genannt, ist ein Relikt aus der Epoche der Lusignans. Kurz nach ihrer Fertigstellung wurde sie 1222 durch ein Erdbeben dem Erdboden gleichgemacht. Die Festungsruine liegt auf dem gleichen Gelände wie die römischen Häuser mit ihren Mosaiken.

Páphos hat zudem drei interessante Museen zu bieten: Im **Archäologischen Museum** (geöffnet Mo–Fr 7.30–17.00 Uhr, Do 15.00–18.00 Uhr, Sa–So 10.00–13.00 Uhr) ist ein römisches Wärmflaschensystem die Hauptattraktion, das **volkskundliche Museum** (geöffnet Mo–Sa 9.00–13.00 Uhr, Mo–Fr 15.00–17.00 Uhr, (Mai–Sept. 15.00–19.00 Uhr, So 10.00–13.00 Uhr) zeigt Objekte von der Steinzeit bis zur Gegenwart, und das **Byzantinische Museum** (geöffnet Mo–Fr 9.00–17.00 Uhr, Juni–Sept. 9.00–19.00 Uhr, Sa 9.00–14.00 Uhr) besitzt eine beeindruckende Ikonensammlung. Die **Oberstadt Ktima** atmet noch den Geist der britischen Kolonialzeit. Eine Reihe klassizistischer Bauten wird bis heute genutzt, während die meisten Häuser und die Moschee im ehemaligen Türkenviertel weitgehend leer stehen. Reizvoll ist auch die Umgebung von Páphos, in der Bananen und Johannisbrotbäume gedeihen. Im Sand der schönen Doppelbucht **Coral Bay** kann man zerriebene Überreste rötlicher Korallen entdecken. Die inzwischen mit Páphos völlig zusammengewachsene Gemeinde **Geroskipou**, deren Name »Heiliger Hain« bedeutet, ist ein Zentrum des Erdnussanbaus, der Korbflechterei, der Süßwarenherstellung und der Töpferei. Den schönen Dorfplatz schmückt die Kirche **Ágia Paraskeví**, die wahrscheinlich schon aus dem 8./9. Jh. stammt. In ihrem Inneren sind noch Reste anikonischer Malereien aus der Zeit des Bilderstreits und Wandmalereien aus dem 10., 12. und 15. Jh. zu sehen. Ein volkskundliches Museum, das im nahe gelegenen Landsitz eines britischen Konsuls aus dem 19. Jh. untergebracht ist, illustriert u. a. die Seidengewinnung, die hier bis ins frühe 20. Jh. betrieben wurde (Mo–Fr 7.30–14.30 Uhr; Do 15.00–18.00 Uhr (Juli und August nachmittags geschlossen).

Info: Gladstonos 3; CY 8046 Páphos, Tel. 06/93 28 41; Páphos International Airport, CY 8320 Páphos, Tel. 06/42 28 33.

Ruine der Festung Saranta Kolones (»Vierzig Säulen«)

▶ PARALIMNI-PROTARÁS

Höhe: Meereshöhe	Karte: C 6/7
Einwohnerzahl: 7750	

Lage: Der Doppelort liegt im äußersten Südosten der Insel unweit von Ágia Napa am Ende der B 3. Die Demarkationslinie ist nur 5 km entfernt.

Sehenswert: Kleine Badebuchten und viele Hotels säumen die lang gezogene Küste unterhalb des Binnendorfs Paralimni, auf dessen riesiger, modern gestalteter **Platía** drei Kirchen aus dem 15., 19. und 20. Jh. stehen. Etwa 5 km nördlich von Paralimni-Protarás, an der Grenze zum türkisch besetzten Gebiet, erstreckt sich Derynia. Auf mehreren Aussichtsterrassen am Ortsrand liegen Ferngläser bereit, durch die man einen Blick auf → **Famagusta** und die »Geisterstadt« Varósha werfen kann.

▶ PEDHOULÁS

Höhe: 1100 m	Karte: C 3

Geburtstag im Himmel

Die Namenstage der Heiligen, deren Namen die meisten Zyprioten tragen, werden im griechisch-zypriotischen Teil der Insel wie Geburtstage gefeiert, am liebsten in einem Kloster, das dem Heiligen geweiht ist; dessen Gelände verwandelt sich am Patroziniumstag in eine Art Jahrmarkt. Solche Feiern veranstalten zum Beispiel:

- Ágios Antonius (hl. Antonius), 17. Januar
- Ágios Neophytos (hl. Neophytus), 24. Januar
- Ágios Georgios (hl. Georg), 23. April
- Ágioi Petros und Paclos (hll. Peter und Paul), 29. Juni
- Ágios Ioannis (Johannis) Lampadistis, 4. Oktober
- Ágios Loukis (hl. Lukas), 18. Oktober

Lage: Im Tróodos-Gebirge zwischen dem Olymp und dem Kloster Kykko.

Sehenswert: Im Marathasa-Tal gelegen, ist das Kirchendorf während der Kirschbaumblüte im Frühjahr am schönsten. Unterhalb von Kalopanagiotis, des letzten Dorfes im Marathasa-Tal, steht das unbewohnte Kloster Ágios Ioannis Lambadistis, dessen Kirche drei Gotteshäuser aus dem 11., 15. und 18. Jh. vereint.

▶ PERISTERÓNA

Höhe: 200 m	Karte: C 3
Einwohnerzahl: 1200	

Lage: An der B 9 zwischen Nicosia (34 km) und dem Tróodos-Gebirge.

Sehenswert: Äußerst fotogen ragen in diesem Dorf in der Mesaoria-Ebene der Turm der von fünf Kuppeln überdeckten Kirche der Heiligen Barnabas und Hilarion aus dem 10. Jh. und das Minarett einer Moschee friedlich nebeneinander auf.

▶ PÉTRA TOU ROMIOÚ (APHRODITE-FELSEN)

Höhe: Meereshöhe   *Karte: B 2*

Lage: An der Küstenstraße (B 6) zwischen Limassol und Páphos.

Sehenswert: Die bizarre Felsformation an der Südküste der Insel ist der wohl berühmteste Flecken Zyperns. Der Name bedeutet soviel wie »Felsen der Rhomäers« (also des Oströmers, des Byzantiners) und geht auf eine Legende zurück, nach der der byzantinische Held Dighens den arabischen Eindringlingen riesige Felsbrocken entgegenschleuderte und so ihre Flotte zerstörte. Seinen eigentlichen Ruhm verdankt der Felsen einem viel älteren Mythos, wonach die Göttin Aphrodite hier aus den Wogen gestiegen ist. Auch Homer kannte die Geschichte und hat sie in seinem Hymnus an Aphrodite wiedergegeben:

»Ich will singen von der prächtigen Aphrodite, goldgekrönt und herrlich anzuschaun, die Herrschaft ausübt über die mauerbewehrten Städte des meerumspülten Zypern. Dort hat der feuchte Atem des Westwinds sie über die Wellen des laut klagenden Meeres dahingetragen.«

Pétra tou Romioú – wo Aphrodite dem Meer entstiegen sein soll

Maler wie Botticelli griffen dieses Thema auf; sein Werk »Geburt der Venus« (der römische Name für Aphrodite) ist wohl die bekannteste Darstellung jenes Augenblicks, da die Göttin auf einer Muschelschale an Land getragen wird. Pétra tou Romioú ist ein Wallfahrtsort für romantische Paare, besonders bei Sonnenuntergang, wenn sich das »laut klagende Meer« in einer Brise kräuselt.

▶ PLATANISTÁSA

Höhe: 900	*Karte: C 3*
	Wanderung: 20

Lage: Der Ort liegt in den östlichen Ausläufern des Tróodos-Gebirges am Rand des Adelfi-Waldes. Die Anfahrt erfolgt vom Ort Tróodos in Richtung Nicosia (B 9) über die Dörfer Kyperounta und Polystypos.

Faneromeni-Kirche mit markanter gleißend-silbriger Kuppel

Sehenswert: Außerhalb des Dorfes steht die einstige Klosterkirche **Stavros tou Agiasmati**. Das Einzigartige an dieser 1495 ausgemalten Scheunendachkirche sind die Szenen in einer Nische der Nordwand: Sie erzählen die Legende von der Auffindung des wahren Kreuzes Christi durch Kaiser Konstantins Mutter Helena.

▶ PLÁTRES

Höhe: 1000–1200 m	Karte: B 3
Einwohnerzahl: 800	Wanderungen: 10, 12, 23

Lage: Der Luftkurort, zentral im Tróodos-Gebirge an der Hauptverkehrsader gelegen, ist von Limassol aus nach 40 km über die B 8 erreichbar. Von Plátres aus ist Nicosia über die B 9 über eine Strecke von 74 km zu erreichen.

Sehenswert: Zyperns hotelreichste Sommerfrische liegt im Tróodos-Gebirge. Plátres ist der größte Ferienort des Gebirges und mutet wie ein Alpendorf an. Eine schöne Wanderung durch ein dicht bewachsenes Bachtal führt in etwa 60 Min. von einer Forellenzuchtstation zu einem Wasserfall, **Caledonian Falls** genannt. Nach weiteren 90 Minuten Wanderung auf dem Kaledonia-Naturlehrpfad kommt man in die Nähe des Weilers **Tróodos**, einen der wichtigsten Verkehrsknotenpunkte im Gebirge.

Info: CY 4820 Plátres, Tel. 05/42 13 16.

Tipp

Teststrecke für Mountainbiker

Wer die Wanderschuhe mal gegen das Rad tauschen möchte, der sollte dies im Tróodos-Gebirge tun. In Plátres gibt es mehrere Möglichkeiten, Räder zu leihen, und auf geht's. In rasender Fahrt saust man bis nach Káto Plátres, vorbei an der Faneroméni-Kirche, dann erreicht man in Windeseile das Töpferdorf Foini. Das Volkskundemuseum lädt ein zu einem kurzen Besuch; anschließend wird es Kräfte raubend. Wenn wir per Rad nach Pródromos fahren, steigt der Weg beständig an. Die Stationen sind Ágios Georgios, Timios Stavros in Palaiomylos und Lemithou. Pródromos, auf 1390 m gelegen, ist der höchste Punkt der Fahrradtour. Hübsch »entsaftet« geht es nun auf der alten Landstraße über das Kloster Trooditissa auf 1300 m fast nur noch bergab nach Páno Plátres auf 1200 m. Wer dies alles bewältigt hat, wünscht sich vielleicht hinterher, doch lieber wieder zu Fuß zu gehen.

▶ PÓLIS

Höhe: Meereshöhe	Karte: C 1
Einwohnerzahl: 1850	Wanderungen: 24–28

Lage: Der in der Chrysochoú-Bucht gelegene Touristenort am westlichen Zipfel der Insel hat durch die B 7 eine Anbindung nach Páphos.

Sehenswert: Das einzige griechisch-zypriotische Städtchen an der Nordküste ist der wichtigste Ferienort nördlich von Páphos. Trotz des aufstrebenden Tourismus hat sich Pólis eine Menge altmodischer Ecken und Winkel bewahrt. Die Fußgängerzone im Zentrum ist von Läden und Tavernen flankiert. Ein 1997 eröffnetes **Archäologisches Bezirksmuseum** zeigt Funde der antiken Stadt Marion, auf deren Boden das antike Pólis steht. Ein langer Strand verbindet Pólis mit dem modernen Fischereischutzhafen und Wassersportzentrum → **Lachí**, von dem aus regelmäßig Bootstouren zur Akámas-Halbinsel starten.

Info: Griva Digeni 42, CY 8820 Polis Chrysochous, Tel. 06/32 24 68.

Archäologi-
sches Bezirks-
museum
»Marion-
Arsinoe« von
Pólis

▶ **POLITIKÓ**

| *Höhe: 380 m* | *Karte: C 4* |
| | *Wanderung: 2* |

Lage: Die E 902 führt von der Inselhauptstadt Nicosia über eine Strecke von 20 km direkt nach Politikó, welches am nördlichen Rand des Macharias-Waldes gelegen ist.

Sehenswert: Am Rand des wochentags fast menschenleer wirkenden Dorfes liegen zwei Sehenswürdigkeiten von Rang: die beiden **Königsgräber** der antiken Stadt → **Tamassós** sowie das **Nonnenkloster Ágios Iraklídios** mit einer Kreuzkuppelkirche aus dem 14. Jh. und einer Zwillingskirche aus dem 15./16. Jh., in der eine Ikone der stillen-

Tipp

Ein zitronengelber Freund

Er ist schreiend gelb, hat vier Räder und ist ein alter Ford-Transit. Ihm zu begegnen ist in den Sommermonaten ein reines Vergnügen. Doch trotz seiner leuchtend auffälligen Farbe und der Musik, die sein Kommen ankündigt, ist es schwer, ihn zu entdecken. Die Dörfer des nördlichen Akámas sind seine Heimat, von Néo Chorió über Lachi nach Pólis, oder vielleicht sogar die Bäder der Aphrodite. Wo er auftaucht, ist er meistens schon wieder verschwunden, der Retter der durstenden Seelen. Kreuzt der zitronengelbe Glücksbringer einmal Ihren Weg, dann packen Sie die Gelegenheit beim Schopfe. Die Farben des vorzüglichen Eises sind mindestens genauso intensiv wie das Zitronengelb des alten Transits. Und kaum dass man sich versieht, spielt er die kleine Melodie und verschwindet hinter der nächsten Straßenecke. Hoffentlich auf ein Wiedersehen.

den Gottesmutter ganz links an der Ikonostase besondere Aufmerksamkeit verdient. Botaniker können sich am Blumenreichtum des gepflegten Klosterhofes ergötzen und Süßmäuler das Marzipan der Nonnen genießen.

 PYLA

| Höhe: 160 m | Karte: C 5 |
| Einwohnerzahl: 1000 | |

Lage: Der Ort liegt direkt an der Demarkationslinie zum türkisch besetzten Teil Zyperns; von Lárnaca aus ca. 15 km in nordöstlicher Richtung an der E 302.

Sehenswert: Das noch von türkischen und griechischen Zyprioten gemeinsam bewohnte Dorf liegt in der Pufferzone, die von den Vereinten Nationen kontrolliert wird. Auf dem Dach der traditionellen Dorftaverne an der Platía steht ein UN-Soldat Wache, und vor den beiden Schulen weht einmal die türkische, einmal die griechische Flagge.

 SOLEA-TAL

| Höhe: 670 m | Karte: C 3 |

Das Solea-Tal wird wegen seiner vielen Apfelbäume auch als »Tal der Äpfel« bezeichnet. Es liegt an der Hauptstraße, die von Nicosia über Peristona ins Tróodos-Gebirge führt. Wegen des regen Autoverkehrs fahren die meisten einfach vorbei, als sei eine zügige Fahrt wichtiger als die Sehenswürdigkeiten beiderseits der Straße. Das an den Adelfi-Wald anschließende Tal wird zumindest im Winter vom Fluss Karyotis mit Wasser versorgt und liegt wie ein grüner Teppich im allmählich ansteigenden Gelände.

 STAVRÓS TOU AGIASMÁTI

| Höhe: 830 m | Karte: C 3 |
| | Wanderung: 20 |

Lage: Diese kleine Bergkirche liegt an der E 906 von Platanistása knapp 8 km entfernt.

Sehenswert: Die Enttäuschung beim Anblick der düsteren, aber schön gelegenen Kirche verfliegt rasch, wenn der Blick auf die außergewöhnlichen Fresken fällt. Einige davon sind von dem begnadeten libanesischen Künstler Philippe Goul geschaffen worden. Seine Familie gelangte unter der Herrschaft der französischen Lusignans zu Reichtum und Ansehen. Der Nachname des Künstlers ist von dem altfranzösischen Wort gueules abgeleitet, der in der Heraldik »Rot« bedeutet. Goul malte tatsächlich recht farbenfroh. Am kräftigsten war sein Rot. Sein Freskenzyklus in Stavrós tous Agiasmáti gilt als schönstes Zeugnis der zypriotischen Kunst des 15. Jhs. Geschildert werden in den Fresken die bedeutendsten Episoden aus dem Neuen Testament und Szenen aus dem Alten Testament. Allein die Darstellung der Heiligen Jungfrau in der Halbkuppel hinter der Ikonostase könnte die UNESCO veranlasst haben, auch diese Kirche in die Liste des schützenswerten Kulturerbes der Menschheit aufzunehmen.

▶ STAVROVOÚNI

Höhe: 700 m	Karte: B 5
	Wanderung: 4

Lage:: In den südöstlichen Ausläufern des Macharias-Waldes liegt der Klosterberg nahe dem Autobahndreieck A 5 und A 1, wo man den Ausgang 11 nach Kórnos nehmen muss, um dann der Ausschilderung zu folgen.

Kloster Stavrovoúni mit festungsähnlichen Gemäuern

Sehenswert: Einer der beeindruckendsten Orte Zyperns ist das Kloster auf dem sog. Kreuzberg. Auf einem 700 m hohen Gipfel im Tróodos-Gebirge errichtet, bietet sich hier eine unglaubliche Weitsicht. In

dem wahrscheinlich im Jahr 327 gegründeten Kloster wird ein Splitter vom Kreuz Christi als Reliquie aufbewahrt. Der Legende nach geht die Klostergründung auf die hl. Helena, die Mutter von Konstantin d. Gr., zurück. Auf der Suche nach dem Kreuz, an dem Jesus starb, begab sich Helena in das Heilige Land. Als sie mit dem Kreuz zurückkehrte, zwang sie ein Sturm, nahe Limassol zu landen. Während der Nacht wurde die Reliquie geraubt. Auf der Suche nach dem Räuber wurde Helena durch ein Feuer auf den späteren Kreuzesberg aufmerksam. In den Flammen erblickte sie das Kreuz Christi vollständig unversehrt. Dieses Wunder nahm sie dann zum Anlass, das Kloster zu gründen. In früheren Zeiten war dieser Gipfel der Göttin Aphrodite geweiht. Trotz dieser Vergangenheit dürfen Frauen das Kloster nicht betreten, der Besuch ist Männern vorbehalten (geschlossen 12.00–15.00 Uhr).

 ## ▶ TAMASSÓS

| Höhe: 380 m | Karte: C 4 |
| | Wanderung: 2 |

Lage: Direkt bei der Ortschaft Politikó gelegen, erfolgt die Anfahrt nach Tamassós von Nicosia aus über die E 902.

Sehenswert: Nahe bei Politikó liegen die Königsgräber von Tamassós. In Homers Odyssee wird die antike Stadt Tamassós von Athena »Temésa« genannt und ihr Kupferreichtum hervorgehoben. Tamassós gehörte im 7./6. Jh. v. Chr. zu den reichsten Stadtkönigtümern Zyperns. Ende des 6. Jh. wurde der Ort im Verlaufe des ionischen Aufstandes zerstört, danach jedoch wiederaufgebaut. Zu besichtigen sind heute zwei Grabanlagen aus dem 7. Jh. v. Chr., die aufgrund ihrer künstlerischen Ausgestaltung und der Beigaben als letzte Ruhestätte der Könige von Tamassós gelten. In jedes Grab führt ein Treppendromos, ein Zugangsweg, hinab. Die mehrfach gestuften Portale sind mit Steinpfeilern und ionisierenden Volutenkapitellen geschmückt. Über dem Eingang von Grab V imitierte man in Stein eine Balkonkonstruktion mit Zahnschnittmotiv. Dieses Grab besitzt neben der eigentlichen Grabkammer noch einen Vorraum, in dessen zwei Nischen in Stein gehauene Verriegelungen weitere Eingänge vortäuschen. Palmetten- und Lotusblütenmotive schmücken die Wände, die Deckengestaltung mit ihren Balken aus Stein erinnert an eine Holzkonstruktion (geöffnet Di–Fr 9.00–15.00 Uhr, Sa–So 10.00–15.00 Uhr).

▶ TRÓODOS

Höhe: 1700 m	Karte: C 3
Einwohnerzahl: 100	Wanderungen: 10–15

Lage: Der zentrale Knotenpunkt unweit des höchsten Berges Zyperns, des Olymp, wird von Süden her von der B 8 und von Norden her von der B 9 durchquert.

Sehenswert: Der höchst gelegene Ort Zyperns besteht eigentlich aus Souvenirläden, Tavernen und Parkplätzen; deshalb wird er auch nicht als Dorf anerkannt. Während der britischen Ära war Tróodos eine Sommerfrische für Kolonialbeamte und Soldaten; damals gab es dort auch Ausbildungslager. Die Sommerresidenz des Gouverneurs, die heute vom Staatspräsidenten genutzt wird, verbirgt sich in einem Wald ein

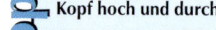

Tipp

Kopf hoch und durch

Wer auf Zypern mit dem Mietwagen unterwegs ist, muss so manches Abenteuer bestehen. Viele Straßen zwischen der Küste und dem Tróodosgebirge sind so schmal, dass höchstens eineinhalb Autos aneinander vorbei kommen. Für die üblicheren zwei ist kein Platz. Aber auf den Straßen herrscht das Faustrecht, vor allem, da die Bauern herausgefunden haben, dass sie nur mit ihrem LKW direkt auf die Touristen in ihrem Mietwagen zuzufahren brauchen, um die ganze Straße für sich allein zu haben. Also Kopf hoch und nicht klein beigegeben! Und nicht vergessen: Man fährt links!

paar Kilometer südlich von Tróodos. 1880 wirkte der damals noch unbekannte französische Dichter Rimbaud als Vorarbeiter am Bau mit. In einem Brief nach Hause beschwerte er sich über die Kälte, räumte jedoch ein, dass die Luft sehr gesund sei.

▶ TRÓODOS-GEBIRGE

Höhe: bis 1952 m	Karte: C 2
	Wanderungen: 10–17

Lage: Das Tróodos-Gebirge besteht aus einer Reihe von Berggipfeln, die westlich der Dörfer → **Panagiá** und Pomos des Bezirkes Páphos beginnen und sich ostwärts bis → **Stavrovoúni** im Bezirk Lárnaca erstrecken.

Sehenswert: Ein Teil der Gipfel des Tróodosmassivs kann zu Fuß oder mit dem Auto erreicht werden. Einige der höchsten Gipfel sind: Chionistra/Olympischer Berg (1952 m), Madhari (1613 m), Papousta (1554 m), Kiona (1423 m), Tripylos (1362 m) und Kykkos (1318 m). Charakteristisch für den Tróodos sind ausgedehnte Naturwälder, relativ ergiebige Regenfälle (600–1000 mm pro Jahr), starkes Gefälle, eine spezifische Geologie sowie eine eigentümliche Flora und Fauna.

Im Tróodos-Gebirge entspringen alle wichtigen Flüsse Zyperns: Ezousa, Diarizos, Xeros, Kouris, Pediaios und der Gialias, um nur einige zu nennen. Darum hat die Region auch einen besonders hohen Stellenwert für den Wasserhaushalt der Insel. Für Geologen ist das Tróodosmassiv ein gutes Untersuchungsfeld, um hier die Entstehung der ozeanischen Rinde zu erforschen. Auch die Entstehung Zyperns hängt unmittelbar mit der Bildung dieses sog. ophiolithischen (óphis = Schlange; líthos = Stein) Massivs zusammen, welches das Fundament der Insel ist. Der Name Ophiolithe spricht auf die Ähnlichkeit des Gesteins mit einer grünlich gesprenkelten Schlangenhaut an. Es wird als Teil einer Ur-Ozeanrinde und des oberen Erd-Mantels betrachtet. Diese Rinde ist vor 90 Millionen Jahren am Grunde eines riesigen Ozeans entstanden, der den Geologen als Tethisches Meer bekannt ist. Bei Wanderungen im Tróodos stößt man auf sog. Plutonite, dies sind Produkte einer Kristallinisierung, welche durch das Schmelzen des oberen Erdmantels verursacht wurde. Weil dies in großen Tiefen geschah, sind relativ große Kristalle mit verschiedenen Mineralkomponenten entstanden, wie Olivine, Pyroxene, Playioklasten usw. Durch diese Besonderheit ist das Tróodosmassiv eines der

Häufigster Baum auf Zypern ist die Brutische Kiefer.

gründlichst erforschten und obendrein am besten erhaltenen ophiolithischen Bergmassive der Welt. So hat es wie kaum ein anderes Gebirge die modernen Theorien über die Entstehung der Ozeane und die lithosphärischen Platten beeinflusst.

Die einzigartige Flora von Tróodos ist zu einem hohen Grad auf die besonderen ökologischen Verhältnisse zurückzuführen. Sie sind durch die Höhenlage, die Regenfälle, die Temperaturen und die Geologie gekennzeichnet. Darum finden sich auf einer so kleinen Fläche mit einem Durchmesser von 4–5 km 67 von 123 endemischen Pflanzen Zyperns. In Höhenlagen über 1200 m ist der vorherrschende Baum die Schwarze Pinie oder Schwarzkiefer (Pinus nigra ssp pallasiana). In tieferen Regionen bis an die Küsten gedeiht die Raue Pinie oder Brutische Kiefer (Pinus brutia). In den höchstgelegenen Gebieten vom Tróodos gibt es kahle und von Erosion befallene Flächen mit sehr karger Vegetation. In alten Zeiten waren auch diese Gebiete von dichtem Wald bestanden, doch der Mensch hat mit unüberlegten Abholzungen und Brandrodungen zur Verkarstung beigetragen. Die Forstbehörden sind bemüht, diese Fehler vergangener Tage durch gezielte Aufforstungsmaßnahmen zu korrigieren.

VASA

Höhe: 700 m   *Karte: B 2*

Lage: Drei Kilometer südlich von Ómodhos im Tróodos-Gebirge liegt Vasa.

Sehenswert: Der hübsche Ort liegt im Weinanbaugebiet des südwestlichen Tróodos und besticht durch seine besonders schöne Lage. Bekannt ist der Ort durch seine Quelle geworden, die ein wohlschmeckendes Mineralwasser führt. Die Johanniter kamen einst in diesen Ort, um der Hitze des Sommers in ihrer Konturei in → **Kolóssi** zu entgehen. Im 14. Jahrhundert bauten orthodoxe Mönche, die von den Kreuzrittern aus ihren Klöstern vertrieben worden waren, die Kirche **Ágios Geórgios**. Grabmäler aus der Römerzeit deuten an, dass der Ort schon vor 2000 Jahren ein Zufluchtsort war. Die Fundstücke, Münzen, Schmuck und Amphoren, sind im → **Zypernmuseum in Nicosia** ausgestellt. Gleichfalls zu besichtigen ist das restaurierte Haus des 1937 verstorbenen zypriotischen Poeten Lipertis.

► WALD VON PÁPHOS

| *Höhe: 0–1200 m* | *Karte: C 2* |
| | *Wanderung: 18, 23* |

Lage: Das große Waldgebiet zwischen den Küsten im Nordwesten wird im Süden von der Ortschaft Panagiá und im Osten durch den Olymp begrenzt.

Sehenswert: Als junger Minister für die Kolonien hat Winston Churchill 1907 bei der Wiederaufforstung mitgewirkt, ja sogar selbst beim Pflanzen der Bäume mit Hand angelegt. Der Aufforstungsprozess ist noch nicht abgeschlossen und erlebte 1974 einen schweren Rückschlag, als die türkische Luftwaffe Napalmbomben auf das Waldgebiet abwarf. Ursprünglich war ein großer Teil der Insel mit den endemischen Zedern bewachsen, doch der Bedarf an Feuerholz für die Metallverarbeitung und den Schiffbau in der Antike war enorm hoch. Ganze Landstriche wurden so dem Kahlschlag preisgegeben.

Groß angelegte Aufforstungen haben die Zeder gerettet.

► ZOOPIGI

| *Höhe: 700 m* | *Karte: B 3* |

Zypriotischer Whisky

Die Abneigung der Zyprioten gegen jede Form der Verschwendung hat den Zivana, den »zypriotischen Whisky«, hervorgebracht. Er wird aus Treber in einem Kupferkessel, dem kazani, gebrannt. Das Ergebnis ist ein scharfer Schnaps, der sogar von den Zyprioten nur in kleinen Mengen getrunken oder sogar zum Einreiben gegen Schmerzen benutzt wird. Außerdem bildet er die Grundlage der hiesigen Gin-, Sherry- und Branntweinproduktion. Ein großer Teil geht ins Ausland. Für ihre Zivania-Brennereien sind vor allem Zoopigi und Kalon Chorion bekannt.

Das in Weinberge und sattgrüne Landschaft eingebettete Dorf mit seinen farbenfrohen Häusern liegt am Rande des Tróodos-Gebirges und zählt zu den Orten, in denen die süßen Commandaria-Dessertweine hergestellt werden. Die Villen und Dörfer dieser Gegend erinnern an die traditionellen europäischen Weinregionen wie beispielsweise Toskana oder Rioja.

Seite 148/49:
Als Lasttiere
sind Maultie-
re und Esel
noch immer
im Einsatz.

▶ ALPHABET

Im Griechischen gilt das neugriechische Alphabet. Meistens hat sich in den touristisch interessanten Regionen das lateinische Alphabet eingebürgert, damit der Besucher es leichter hat, sich zu orientieren. Auch Wegweiser und Hinweisschilder sind fast flächendeckend in lateinischer Schrift oder in beiden Schreibweisen aufgeführt. Die lateinische Schreibung bietet hinsichtlich der Akzentuierung Schreibweisen, zum Beispiel: Pafos oder Paphos oder Páphos. Ein anders Beispiel wäre Agios oder Agíos oder Ágios oder Áyios. Auf Zypern sind sämtliche Schreibweisen zu finden.

▶ ANREISE

Mit dem Flugzeug: Zypern wird von mehreren deutschen Flughäfen aus mehrmals wöchentlich direkt von Cyprus Airways angeflogen, von Frankfurt aus auch von der Lufthansa. Zudem bieten mehrere internationale Fluggesellschaften tägliche Verbindungen nach Zypern über Athen und London an. Ab Zürich und Genf gibt es Direktflugverbindungen mit Cyprus Airways. Von Wien fliegen mehrmals wöchentlich direkt Cyprus Airways und Austrian Airlines. Chartergesellschaften wie die zypriotische Eurocypria fliegen in der Urlaubssaison aus weiteren Städten Deutschlands, Österreichs und der Schweiz nonstop nach Lárnaca und Páphos.

Mit der Fähre: Im Sommer bestehen regelmäßige Fährverbindungen mit Italien und Griechenland (Piräus, Rhodos, Irakleion u.a.) sowie mit den benachbarten Ländern Ägypten (Port Said) und Israel (Haifa). Manche Fähren verkehren auch – zu ermäßigten Preisen – im Winter.

Mit dem eigenen Boot: Es gibt auf der Insel mehrere Häfen für private Boote und Yachten. Die beiden Marinas in Lárnaca und Lemesos verfügen über Reparatur- und Versorgungsanlagen für Benzin, Diesel, Strom, Trinkwasser, Duschen und Reinigung. Lárnaca Marina: Tel. 04/65 31 10-3; Fax 04/62 41 10; Lemesos St. Raphael Marina: Tel. 05/31 11 00; Fax 05/32 92 08.

▶ ÄRZTE

Die ärztliche Versorgung auf der Insel ist gut. Die durchweg in Europa ausgebildeten Ärzte sprechen meist Englisch, manchmal auch Deutsch. Sie können jederzeit über die Hotelrezeption einen praktischen Arzt rufen lassen. Für Hotelbesuch werden etwa C£ 15,00 bis 20,00 berechnet.

AGROTOURISMUS

Durch die gezielte Förderung des Agrotourismus, des ländlichen Ur-
laubes, sind auf Zypern ganz neue Urlaubsformen möglich. Das Programm sieht die Umwandlung traditioneller Häuser in besonders
reizvollen Orten des Hinterlandes in touristische Unterkünfte und
Einrichtungen vor. Zahlreiche Landhäuser werden bereits für Ur-
laubszwecke genutzt. Die Häuser und Wohnungen unterliegen der
Kontrolle durch die Cyprus Tourism Organisation, P.O. Box 24535,
CY-1390 Lefkosia, Tel. 02/33 77 15 oder 02/69 12 19, Fax 02/33 16
44 oder 02/33 97 23.

Traktoren sind auch Verkehrsmittel – sogar für Mönche.

ALLEIN REISENDE FRAUEN

Wegen der ohnehin geringen Kriminalität auf Zypern müssen auch
Frauen, die alleine unterwegs sind, kaum befürchten, behelligt oder
belästigt zu werden.

ANGELN

Angeln ist in einigen Talsperren das ganze Jahr über möglich. Die
Genehmigung dazu erteilen das Head Office of Fisheries Dept.
(Aiolou 13, CY-1101 Lefkosia, Tel. 02/80 78 30; Fax 02/77 59 55)
oder die Fischerei-Dienststellen der Gebietsverwaltungen. Ein Merk-
blatt hierzu ist bei der Fremdenverkehrszentrale erhältlich.

▶ APOTHEKEN

Apotheken sind am roten Malteserkreuz zu erkennen. Die meisten der international üblichen Medikamente sind auch auf Zypern erhältlich.

▶ BANKEN

Es empfiehlt sich der Tausch auf der Insel. Euroschecks werden gegen Vorlage von Pass und Scheckkarte akzeptiert (Höchstbetrag C£ 125), ebenfalls andere Reiseschecks und Kreditkarten. Öffnungszeiten: Mo–Fr 8.30–12.30 Uhr. Montags außerdem von 15.15–16.45 Uhr. Viele Banken bieten auch einen »Afternoon Service« von 15.30–17.30 Uhr (Okt.–April) bzw. 16.00–18.30 Uhr (Mai–Sept.) an. An Feiertagen sind die Banken geschlossen. Der Rücktausch von zypriotischer Währung ist nur am Flughafen möglich.

▶ BEHINDERTE

Die meisten Hotels, Museen oder öffentlichen Einrichtungen bieten Rampen für Rollstuhlfahrer. Bei Fahrten mit öffentlichen Verkehrsmitteln kann dies allerdings sehr schwierig werden. In den Tourismus-Büros gibt es Informationen über behindertengerechte Einrichtungen.

▶ BOTSCHAFTEN

Deutsche Botschaft, Nikitaras-Str. 10, P.O. Box 21795,
CY-1593 Lefkosia, Tel. 02/66 43 62
Österreichisches Konsulat, Praxipou-Str. 3, P.O. Box 23961,
CY-1687 Lefkosia, Tel. 02/45 19 94, 67 42 39
Schweizer Botschaft, Th.-Thervi-Str. 46, P.O. Box 20729,
CY-1663 Lefkosia, Tel. 02/76 62 61
Botschaft der Republik Zypern, Wallstraße 27, D-10179 Berlin,
Tel. 030/30 86 83 0
Botschaft der Republik Zypern, Friedrichstraße. 42, D-50676 Köln,
Tel. 0221/27 23 58 0
Konsulat der Republik Zypern, Orleansplatz 3, D-81667 München,
Tel. 089/48 57 64
Botschaft der Republik Zypern, Parkring 20, A-1010 Wien,
Tel. 01/51 30 630 oder 51 30 631
Konsulat der Republik Zypern, Talstr. 83, CH-8001 Zürich,
Tel. 01/21 13 023

▶ BUSLINIEN

Gute Busverbindungen innerhalb der Städte und zu den nahe gelegenen Feriengebieten. Die Verbindungen zwischen kleineren Ortschaften und den meisten Dörfern ist sehr schlecht; wenn überhaupt,
verkehren zwei Busse am Tag. Zwischen den größeren Städten gibt
es regelmäßige Linienbusse. Informationen in den CTO-Büros des
Fremdenverkehrsverbandes. In den meisten Fällen muss man auf Ta-
xis oder den Mietwagen zurückgreifen.

*Die Bedford-
Busse verbin-
den die Dör-
fer mit den
Städten.*

▶ CAMPING

Die nachfolgend genannten Campingplätze für Zelte und Wohnwagen verfügen u. a. über sanitäre Einrichtungen, Einkaufsmöglichkei-
ten, Restaurant, Stromanschluss. Die Preise: C£ 1,00–1,50 pro Tag
für einen Zelt- oder Wohnwagenplatz + C£ 1,00–1,25 pro Person
und Nacht.

Agia Napa Camping: Am Strand nahe Ágia Napa. Geöffnet von März
bis Oktober. Tel. 03/72 19 46

Governor's Beach Camping: Am Strand 20 km östlich von Lemesos.
Ganzjährig geöffnet. Tel. 05/63 23 00

Feggari Camping: In Strandnähe von Coral Bay, 11 km nordwestlich
von Pafos. Ganzjährig geöffnet. Tel. 06/62 15 34

Geroskipou »Zenon Gardens« Camping: Am Strand 3 km östlich von Páphos-Hafen. Geöffnet April–Oktober. Tel. 06/24 2277

Polis Camping: Am Strand von Pólis, in einem Eukalyptuswald. Geöffnet März–Oktober. Tel. 06/32 15 26

Tròodos Camping: im Tròodos-Gebirge, 2 km nördlich vom Ort Tròodos, in einem Pinienwald. Geöffnet Mai–Oktober. Tel. 05/42 16 24

▶ ELEKTRIZITÄT

Es gelten 220/240 V Wechselstrom; die meisten Hotels und Apartments haben zusätzliche Steckdosen für 110 V (z. B. Elektrorasierer). Da oft englische Steckdosen eingebaut sind, braucht man einen Adapter, der an der Hotelrezeption oder im Supermarkt zu kaufen ist.

▶ ERMÄSSIGUNGEN

Besitzer eines europäischen Jugendpasses zwischen 13 und 26 Jahren bekommen in vielen Läden, bei Eintritten und manchen Verkehrsmitteln Ermäßigungen. Man muss immer fragen, ob ein Rabatt gewährt werden kann.

▶ FAHR- UND MOTORRÄDER

Zweiräder können in allen Feriengebieten gemietet werden. Die Preise für Motorräder liegen zwischen C£ 2,50 und 24,00 pro Tag, für Fahrräder zwischen C£ 1,00 und 3,00 pro Tag, viele Hotels stellen auch Mountainbikes kostenlos zur Verfügung.

Alte Tänze sind fester Bestandteil zahlreicher Inselfeste.

▶ FEIERTAGE

1. Januar: Neujahrstag
6. Januar: Epiphanias
25. März: griechischer Unabhängigkeitstag
1. April: Nationaltag
1. Mai
15. August: Mariä Himmelfahrt
1. Oktober: zypriotischer Unabhängigkeitstag
28. Oktober: griechisch-zyprischer Feiertag
24./25./26. Dezember: Weihnachten
Bewegliche Feiertage: Ostern, Pfingsten und Karfreitag, das höchste
Fest der griechisch-orthodoxen Kirche

▶ FOTOGRAFIEREN

In den größeren Städten gibt es in der Regel alles Filmmaterial (teuer!). Fotografieren ist fast überall erlaubt, Fotografierverbot in der Nähe von militärischen Anlagen sollte man respektieren. Aufnahmen in Museen und einigen Klöstern bedürfen einer Genehmigung oder sind auch hier strikt verboten!

▶ FREMDENVERKEHRSZENTRALEN

Kaiserstr. 50, D-60329 Frankfurt/Main, Tel. 069/25 19 19,
Fax 069/25 02 88
E-Mail: CTO_FRAU@t-online.de
Gottfried-Keller-Str. 7, CH-8001 Zürich, Tel. 01/26 23 30 3,
Fax 01/25 12 41 7;
E-Mail: ctozurich@bluewin.ch
Parkring 20, A-1010 Wien, Tel. 01/51 31 87 0,
Fax 01/51 31 87 2;
E-Mail: Zypern@tourism.vienna.at

▶ HOTELS

Die Hotels sind von der Fremdenverkehrszentrale in fünf Kategorien eingeteilt (1–5 Sterne). Eine Broschüre mit sämtlichen Unterkünften ist kostenlos bei der Fremdenverkehrszentrale erhältlich. Die Preise der Hotels variieren in den Klassen sehr stark, als Richtlinie mag gelten: 1 Stern ca. C£ 30; 2 Sterne ca. C£ 40; 3 Sterne ca. C£ 50; 4 Sterne ca. C£ 80.

Tipp

Hotels – eine Auswahl

Agrós

Hotel Rodon*, Odous Rodou 1,
Tel. O5/52 12 01; Fax 52 12 35;
E-Mail: rodon@spidernet.com.cy;
Internet:www.swaypage.com/rodon

Gute Ausgangsbasis für Wanderungen im östlichen Tròodos. 155
zweckmäßig eingerichtete Zimmer,
Swimmingpool; erfreulich ungezwungene Atmosphäre.

Plátres

Hotel Forest Park**, Odos Kalidonias 62, Tel. 05/42 17 51;
Fax 05/42 18 75 ;
E-Mail: forest@cytanet.com.cy

Das Hotel ist mitten im Wald zwischen Kiefern und Fichten gelegen.
Freibad, Hallenbad, Tennisplätze,
Fitnessraum usw. Sehr günstig zum
Erwandern des Zentralen Tròodos.

Droushia

Cyprotel Droushia Heights*,
CY 8700; P.O. Box 66130,
CY 8830 Páphos, Tel. 06/33 23 51,
Fax 06/33 23 53

Ehemals sehr beliebtes Wanderhotel mit Blick über den Akámas.
Gute Ausgangsbasis für Wanderungen auf die Akámas-Halbinsel.

Lárnaca

Hotel Lordos Beach**,
Lárnaca–Dekeleia Rd., CY 7080,
Pyla P.O. 40542, CY 6305,
Tel. 04/64 74 44; Fax 04/64 58 47;
E-Mail: administration@lordos-beach.com.cy; Internet: www.lordos.com.cy

Luxuriöses Strandhotel. Tauchbasis,
Wassersportmöglichkeiten am Hotel. Günstige Verkehrsanbindung;
guter Ausgangspunkt für Wanderungen im Süden und Südosten der
Insel.

Lefkosía

Hotel Rimi*, Solonos Street 5,
Laïki Geitonia, CY 1011,
P.O. Box 22597, CY 1522,
Tel. 02/68 01 01; Fax 02/66 08 16;
E-Mail: rimi@cylink.com.cy

Dicht am Trubel der Altstadt. Restauriertes Stadthaus, für seine Preisklasse gut ausgestattet (Klimaanlage, Badezimmer, Fernseher).

Limassol

Hotel Kanika Pantheon*, Corner
28 th October Street & I. Metaxa
Street im Kanika Enaerios Complex,
P.O. Box 53030, CY 3300;
Tel. 05/59 11 11; Fax 05/59 11 12;
E-Mail: kanika@cytanet.com.cy;
Internet: www.kanika-group.com/pantheon

Zentral und in Meeresnähe. Zwei
Swimmingpools, Sauna, Whirlpool
und Fitness-Center.

Pólis

Hotel Natura Beach*, Pólis 8820,
CY 8820 ; P.O. Box 66162,
CY 8831 Páphos, Tel. 06/32 31 11;
Fax 06/32 28 22;
E-Mail: natura@cytanet.com.cy;
Internet: www.natura.com.cy

Neues Hotel direkt am Strand, etwas außerhalb von Pólis. Schildkrötenstrand; idealer Standort für Wanderungen auf dem Akámas.

Páphos

Park Mansion, P. Melas Street 16,
CY 8047 P.O. Box 61168,
Tel. 06/24 56 45; Fax 06/24 64 15

Villa im venezianischen Stil. Swimmingpool und Bar im Hof. Hervorragendes Restaurant. Keine Kategorisierung, da unter »Traditional
Houses« geführt.

▶ IMPFUNGEN

Impfungen sind nicht erforderlich.

▶ JUGENDHERBERGEN

Zypern verfügt über Jugendherbergen in den größeren Städten und im Tròodos. Mitglieder der »International Youth Hostels Association« können sie benutzen. Preise zwischen C£ 3,50 und 5,00 pro Person und Nacht. Zimmerreservierungen empfohlen. Auskunft: Cyprus Youth Hostels Association, P.O.Box 21328, Lefkosia/Zypern. Die Jugendherbergen sind in:

Lefkosia: 5, Hadjidaki Street, Tel. 02/67 48 08 oder 02/67 00 27

Lárnaca: 27, Nicolaou Rossou Street, Tel. 04/44 20 27

Páphos: 37, Eleftherios Venizelos Avenue, Tel. 06/23 25 88

Tròodos: in einem Pinienwald nahe dem Ort Tròodos, nur von Apr.–Okt. geöffnet, Tel. 05/42 24 00 oder 02/44 20 27

Stavros tis Psokas im Páphos Forest: Forest Station Rest House, Tel. 06/72 23 38 oder 06/33 21 44

▶ KRANKENHÄUSER

Krankenhäuser (»General Hospitals«) gibt es in Lefkosia (Tel. 02/80 14 00), Lárnaca (Tel. 04/63 03 12), Lemesos (Tel. 05/33 07 77), Páphos (Tel. 06/24 01 11), Paralimni (Tel. 03/82 12 11) und Polis (Tel. 06/32 14 31). Notfallversorgungen im ambulanten Bereich sind kostenlos, alle weiteren Behandlungen müssen bezahlt werden.

▶ KRIMINALITÄT

Kriminalität ist kaum ein Problem auf Zypern. Bisweilen muss man sich aber vor Mittouristen in Acht nehmen.

▶ LEIHWAGEN

In den Städten und Ferienorten viele Autovermietungen. Der Mieter/Fahrer muss mindestens 21 Jahre alt sein. Zum Ausleihen ist ein nationaler Führerschein mit einer Gültigkeit von noch zwei Jahren ausreichend.

▶ NOTFALL

Im Notfall wählen Sie die Telefonnummer 199. Damit erreicht man die Erste Hilfe, die Feuerwehr und die Polizei. Für letztere beide gilt auch die 112.

▶ ÖFFNUNGSZEITEN

Die Geschäfte sind im Winter (Nov.–März) bis 18.00 Uhr, im Frühling und Herbst bis 19.00 Uhr und im Sommer (Juni–Sept.) bis 19.30 Uhr geöffnet. Mittwoch- und Samstagnachmittag sind die Geschäfte geschlossen, gelegentlich auch während der Mittagszeit (13.00–16.00 Uhr).

▶ PASS- UND VISA-VORSCHRIFTEN

Staatsbürger der EU-Länder und der Schweiz benötigen für die Einreise in die Republik Zypern einen gültigen Personalausweis. Bis drei

Monate kein Visum erforderlich. Kinder unter 16 Jahren benötigen einen Kinderausweis, ab 12 Jahren mit Lichtbild. Es genügt auch ein Eintrag im Pass der Eltern.

▶ POST

Öffnungszeiten: Mo–Fr 7.30–13.30 Uhr, Do auch 15.00–18.00 Uhr (in Dörfern abweichend).

▶ REISEZEIT

Besonders reizvoll ist das **Frühjahr**, da die Insel dann ihren ganzen Blütenreichtum zeigt. Im März kann es noch recht kühl sein, und einige Regentage hat auch der April, doch schon im Mai fällt kaum mehr Niederschlag. Der **Sommer** ist die Jahreszeit für hitzeunempfindliche Badetouristen.

Katzen laufen einem auf Zypern vielerorts über den Weg.

Herrlich dagegen ist der **Herbst**. Die Wassertemperaturen betragen im Mittel 25 °C, und frühestens gegen Ende Oktober treten die ersten Regentage auf. Beachten sollte man jedoch die früh einsetzende Dunkelheit. Auch der **Winter**, an den Küsten mit mildem Wetter, eignet sich zum Besuch der Insel. Die Wassertemperaturen sinken nie unter 16 °C, und auf dem Olymp kann man Ski laufen.

Tipp

Restaurants

Agrós

Iy Kiladha, Hauptstraße, tägl. 9–22 Uhr.

Unter einer großen Pappel speist man hier im Freien. Gute Mezé mit Fleisch, ebenso vegetarische Gerichte.

Agía Nápa

Vassos, Leoforos Archiepiskopou Makariou, tägl. 8–24 Uhr.

Direkt am Hafen. Auf der Speisekarte stehen neben Fisch auch Fleischgerichte und Salate.

Kathikas

Araouzas, Hauptstraße, tägl. 12–15 Uhr und 18–23 Uhr.

Eine der ursprünglichsten Tavernen der Insel. Unbedingt probieren: den hauseigenen Rotwein oder den Vasilikon aus Kathikas.

Larnaka

1900-Art-Café, Odos Stasinou 6, Mi–Mo 9–14 Uhr und 18–24 Uhr.

Die Künstler Maria Pyrogiou und Marios Dianellos haben in einem Jahrhundertwende-Haus eine Insel der Kultur und des guten Geschmacks geschaffen mit Restaurant, Bar, Teehaus und Café. Freitag abends Musik; regelmäßige Ausstellungen und Buchladen.

Latchi

Porto Latchi Music Bar, tägl. 16–2 Uhr, Live music 22–2 Uhr.

Direkt am Hafen; großzügige Portionen Fisch.

Lefkosia

Axiothea, Odos Axiothea 8, tägl. 18–23 Uhr.

Einfaches Restaurant nicht weit von der Green-Line in der Altstadt von Nikosia. Empfehlenswert: Fleischgerichte.

Perívoli

Pyrgos Restaurant & Tavern, in der Tavernen-Straße von Perívoli, tägl. 9–24 Uhr.

Gute einheimische Küche, bei netter Bedienung und Blick auf die Kirche des Ortes.

Plátres

Psilodhendro, Straße nach Tròodos, etwas außerhalb von Pano Plátres am Wanderweg zu den Kaledonia Waterfalls, tägl. 8–18.30 Uhr.

Eigene Fischfarm für die frischen Forellen, Spezialität des Hauses.

Pólis

Costa's Corner, Griva Digheni Street 46, tägl. von morgens bis in die Nacht.

Einfache Gerichte und Salate.

▶ SOUVENIRS

Berühmt sind die in Léfkara und Ómodhos hergestellten Spitzen (»Lefkaritika«), die schon Leonardo da Vinci als Altardecken für den Mailänder Dom erworben haben soll. Im Dorf Fyti werden bunte Webarbeiten hergestellt, in Phini und Kornos Töpferwaren, in Liopteri Korbwaren und in Geroskipou »Cyprus Delight«, ein süßes Konfekt. Filigraner Silberschmuck wird in Léfkara hergestellt, während in

Kornos bei Lárnaca Keramiken hergestellt werden, die alten Motiven nachempfunden werden. Hier entstehen auch die großen handgetöpferten Pithária-Gefäße, in denen man einst Olivenöl und Wein lagerte; heutzutage sind sie meist mit Blumen bepflanzt.

▶ TAUCHEN

Die schönsten Unterwasserreviere gibt es um die Halbinsel Akámas.

Latchí Water Sports Centre, Tel. 06/32 20 95

Scuba base Diving, Leoforos Nissi 17, Agia Napa, Tel. 03/72 24 42

Die Pithária wird ohne Töpferscheibe getöpfert.

Octupus Diving Centre, Lárnaca, Tel. 04/646571

Nikos Diving Centre, Odos Spirou Araouzou 47, Limassol, Tel. 05/37 26 67

▶ TAXI

Auf Zypern gibt es drei Arten von Taxen:

Stadt-Taxen fahren im 24-Stunden-Service und sind mit Taxameter ausgestattet. Grundgebühr 65 Cent, pro Kilometer 22 Cent, Mindestgebühr 81 Cent. Bei Nachtfahrten zwischen 20.31 und 6.00 Uhr Grundgebühr 88 Cent, pro Kilometer 26 Cent, Mindestgebühr C£ 1,08. Für jedes Gepäckstück über 12 kg 22 Cent.

Land-Taxen sind ohne Taxameter; es gelten die Fahrpreise der Stadt-Taxen. Es empfiehlt sich, den Preis vor Fahrtantritt auszuhandeln.

Sammeltaxen verkehren in regelmäßigen Abständen zwischen den größeren Städten. Der Preis pro Person ist fest und unabhängig von der Anzahl der Fahrgäste. Plätze können telefonisch bestellt werden, am besten über die Hotelrezeption. Die Fahrgäste werden abgeholt und zum gewünschten Ort gebracht.

▶ TELEFON

Auslandsgespräche können von öffentlichen Telefonzellen im Selbstwähldienst geführt werden. Die Mobilfunknetze werden ständig erweitert.

▶ TOURIST-INFORMATION

Cyprus Tourism Organisation (CTO), Leof. Lemesou 19,
P.O. Box 24535, Cy-1390 Lefkosia, Tel. 02/33 77 15;
E-Mail: cytour@cto.org.cy; Internet: www.cyprustourism.org/
Informationsbüros der Fremdenverkehrszentrale:
Lefkosia: Laïki Geitonia (östl. vom Eleftherias- Platz),
Tel. 02/44 42 64.
Lemesos: Spyrou Araouzou Str. 15, Tel. 05/36 27 56
George A. Str. 35, Potamos tis Germasogeias, Tel. 05/32 32 11
Lárnaca: Vasileos Pavlou Square, Tel. 04/65 43 22, im Int. Flughafen,
Tel. 04/64 30 00.
Páphos: Gladstone Str. 3, Tel. 06/23 28 41, im Int. Flughafen,
Tel. 06/42 28 33.
Pólis: Agiou Nikolaou Street, Tel. 06/32 24 68.
Agia Napa: Leoforos Kryou Nerou 12, Tel. 03/72 17 96
Plátres: neben der Post, Tel. 05/42 13 16.

▶ VERKEHRSREGELN

Auf Zypern herrscht Linksverkehr!! Kreisverkehr hat Vorfahrt! Es gelten die internationalen Verkehrszeichen. Geschwindigkeitsbegrenzungen: Innerhalb von Ortschaften 50 km/h, auf Landstraßen 80 km/h, auf Autobahnen 100 km/h, falls nicht anders ausgeschildert.

Statt auf Rehe wird man auf Zypern auf die vielen Ziegen achtgeben müssen.

▶ WÄHRUNG

Die Landeswährung ist das Zypern-Pfund (C£), auch Lira genannt. Das Pfund ist in Cent unterteilt, 1 C£ = 100 Cent. Es gibt Banknoten zu 1, 5, 10 und 20 C£. Münzen gibt es zu 1, 2, 5, 10, 20 und 50 Cent. Das Zypern-Pfund entspricht gegenwärtig ca. € 1,80 und SFr 2,85.

▶ WEIN

Der Weinstock gehört zu den ältesten Kulturpflanzen und wurde vermutlich erstmals in Mesopotamien kultiviert. Von dort gelangte er auf das nahe Zypern, das bis heute stolz auf seine alte Weintradition ist. Der antiken Mythologie zufolge soll Oinopion (altgriech. Oínos = Wein), Sohn des Dionysos und der Ariadne, die Zyprioten in die Kunst der Weinherstellung eingeweiht haben. Wegen seiner berauschenden Wirkung sah man Wein in der Antike als Geschenk der Götter an. Dadurch ging mit der Ausbreitung des Weinbaus über den gesamten Mittelmeerraum auch die Verehrung des Weingottes Dionysos einher. Auf Zypern zeugen römische Mosaiken in Páphos von der großen Verehrung, die Dionysos und dem Wein damals zuteil wurde. Die Darstellung der ersten Weintrinker erzählt, wie Dionysos die Kunst der Weinherstellung unter die Menschen brachte. Der Gott des Weins lehrte den attischen König Ikarios als Dank für dessen Gastfreundschaft die Kunst der Weinherstellung. Freudig reichte Ikarios zwei Hirten das neue Getränk, die davon betrunken wurden und glaubten, Ikarios habe sie vergiften wollen. Sie erschlugen ihn, doch die Kunst der Weinherstellung war unter die Menschen gelangt.

Der Ruhm zypriotischen Weins war in der Antike weit verbreitet. Schon Homer (8. Jh. v. Chr.) besang den süßen Náma-Wein, der heute unter der Bezeichnung Commandaría weiterlebt. Auch Hesiod (700 v. Chr.) wusste um die Qualität des Weines: »Wenn ich mich erhebe, will ich entweder niedermetzeln oder meinen Durst mit zyprischem Wein stillen.« Mark Anton soll zu Kleopatra gesagt haben: »Deine Süße, meine Geliebte ist wie der Náma-Wein Zyperns.«

Die Lusignan und die Venezianer trugen zur Verbreitung und zum Ruhm des Weines bei, indem sie ihn an die europäischen Fürstenhöfe brachten. In der Zeit der osmanischen Herrschaft ging der Weinanbau jedoch stark zurück, und die Felder lagen brach. Trotzdem war Wein bis ins 18. Jh. das wichtigste Exportgut der Insel.

Seit den 30er-Jahren wird der Weinanbau industriell betrieben, und mit rund 45 000 ha machen die Weinberge heute ca. 10 % der gesamten landwirtschaftlichen Nutzfläche aus. Jährlich werden gut 200 000 t Trauben gewonnen, wovon aber nur ein Drittel zu Wein verarbeitet wird. Hauptabnehmer der Tafeltrauben sind England und die skandinavischen Länder, der Wein wird u. a. in die EU und die arabischen Länder exportiert. Berühmt ist Zyperns Klosterwein, der von den Mönchen nach alter Tradition selbst hergestellt wird. Zu den beliebtesten Weinen der Insel zählt der des → **Panagiá Chrysorrogiátissa**. Unter 460 Ausstellern aus 26 Ländern erhielt das Kloster 1988 in Lubljana die Goldmedaille für den besten Weißwein des Mittelmeerraumes.

Nostalgischer Brunnen aus längst vergangenen Tagen

▶ WINTERSPORT

Auf dem Tròodos-Gipfel Olympos (1951 m) ist im Januar/Februar auch Wintersport möglich. Der zypriotische Skiclub betreibt vier Skilifte, spurt zwei Langlauf-Loipen und vermietet Skiausrüstung. Kontakt: P.O.Box 22185, CY-1518 Lefkosia, Tel. 02/36 53 40, Fax 02/36 96 81.

▶ ZEIT

Auf Zypern gilt die osteuropäische Zeit (MEZ + 1 Stunde). Weil Zypern auch die Sommerzeit eingeführt hat, bleibt dieser Unterschied auch während der Sommermonate bestehen.

KLEINER SPRACHFÜHRER

Grußformeln

Ya sou/sas	Hallo bzw. Tschüss
Kaliméra	Guten Tag
Kalispéra	Guten Abend
Kaliníchta	Gute Nacht
Andhío	Auf Wiedersehen

Nützliche Wörter

né	ja
óychi	nein
parakaló	bitte
efcharistó	danke
polí kalá	sehr gut
Endáksi	in Ordnung
prosochí, ópa	Achtung
Tha íthela	Ich möchte gern …
thélo	ich möchte …
Lígho	ein wenig
Signómi	Entschuldigung
Miláte yermaniká?	Sprechen Sie Deutsch?
Mé katalavénete?	Verstehen Sie mich?
Dhen katalavéno!	Ich verstehe nicht!
woíthja!	Hilfe!
Sighá, Sighá	Lassen Sie sich Zeit
Pós íste?	Wie geht es Ihnen?
Kalá íme	Es geht mir gut
Étsi kétsi	Es geht so

Fragewörter

piós?	wer?
ooú?	wo?
ti?	was?
póte?	wann?
yatí?	warum?
pos?	wie?
póso?	wie viel?
póses?	wie viele?

Unterwegs

aristerá	links
dheksiá	rechts
ísia	geradeaus
aniktó	offen
klistó	geschlossen
Póso makriá íne?	Wie weit ist es?
kondá	nah
makriá	weit
Astinomía	Polizei
Asthenofóro	Krankenwagen
Poú íne ...?	Wo ist …?
énas jatrós	ein Arzt
éna farmakíon	eine Apotheke
i eklisía	die Kirche
to xenodhohío	das Hotel
o xenónas néon	die Jugendherberge
to tachidhromío	die Post
i trápeza	die Bank
ti stási	die Bushaltestelle
to nosokomío	das Krankenhaus
to tiléfono	das Telefon
i paralía	der Strand
i thálassa	das Meer
i toualéta	die Toilette
to patírio venzínis	die Tankstelle
to garáz	die Werkstatt
venzíni	Benzin
aplí venzíni	verbleit
amólivdhi	bleifrei
yemáto	voll tanken
dízel	Diesel

ládhi	Öl
lásticho	Reifen

Zeitangaben / Wochentage

tóra	jetzt
amésos	sofort
kápote	manchmal
símera	heute
ávrio	morgen
kthés	gestern
to proí	am Morgen
to mesiméri	am Nachmittag
to vrádhi	am Abend
to níchta	nachts
dheftéra	Montag
tríti	Dienstag
tetárti	Mittwoch
pémpti	Donnerstag
paraskeví	Freitag
sávato	Samstag
kiriakí	Sonntag

Essen und Trinken

kalí órexi	guten Appetit!
is ighían	zum Wohl!
dhipsó	ich habe Durst
pinó	ich habe Hunger
sto Estiatório	im Restaurant
to loghariazmó	die Rechnung
íne akrivó	es ist teuer
neró	Wasser
krasí	Wein
áspro	weiß
mávro	rot
kokkinélli	Rosé
bíra	Bier
tsái	Tee
ghála	Milch
chímos	Fruchtsaft

kafés	(mittelsüßer) Kaffee
ghlikí	süßer Kaffee
chortofághos	vegetarisch
vrazménos	gekocht
psiménos	gebraten
psitós	gegrillt, gebraten
tighanitós	gebraten, geschmort
aláti	Salz
pipéri	Pfeffer

Zypriotische Spezialitäten

afélia	Schweinegulasch in Rotwein-Koriander-Soße
antsoúya	Anchovis, Sardellen
avgolemóno	Ei-Zitronen-Suppe
baklavás	Gebäck mit Honig und Nüssen
fassólia	weiße Bohnen
féta	Schafskäse
ghliká	in Sirup gekochte Früchte
halloúmi	Ziegenkäse
hirómeri	luftgetrockneter Schinken
horiátiki saláta	Bauernsalat
hoúmmos	Kichererbsencreme
kataífi	Gebäck aus haarfeinem Teig, mit Nüssen gefüllt
keftédhes	Frikadelle, gebratene Fleischklößchen
kléftiko	Lammfleisch aus dem Lehmofen
koupépia	Weinblätter mit Hackfleisch-Reis-Füllung

loúntza	geräucherte Schweinelende, Landschinken
makarónia	Nudeln
milópita	Apfelkuchen
moussaká	Auflauf mit Auberginen, Hackfleisch, Kartoffeln und Béchamelsoße
paidháki	Lammkotelett
pítta	spezielles Brot für Schaschlik
psári	Fisch
scheftália	Lammwurst; über Holzkohlenfeuer gebratene Hackfleischröllchen mit Minze
skórdho	Knoblauch
sioutjoúkkos	Mandeln bzw. Nüsse in Traubengelee
souvláyki	Fleischspieß

stifádho	Rindfleisch in Zwiebel-Tomaten-Soße
táchini	Sesamcreme
talatoúri	Joghurt mit Gurken, Knoblauch und Pfefferminze
taramás	Fischrogencreme
tavás	im Tontopf gekochtes Lammfleisch mit Zwiebeln in Tomatensoße
vodhinó kréas	Rindfleisch
yiaoúrti	Joghurt

Auf dem Markt

anginári	Artischocke
angoúri	Gurke
eliés	Oliven
fakés	Linsen
kalambóki	Mais
kerásia	Kirschen

REGISTER

DIE AUTOREN

Asisa Madian, Medizinerin und Journalistin, ist seit zwei Jahrzehnten als Reiseleiterin unterwegs. **Kai Matthießen**, Dozent für Medizin und Reiseleiter aus Leidenschaft, lernte Zypern bei vielen Aufenthalten kennen und lieben.

Eine Produktion des **Bruckmann**-Teams, München
Lektorat: Georg Steinbichler
Herstellung: Hubert Bertele und Team
Layout und Satz: Der Buch*macher*, Arthur Lenner, München
Kartografie: Elsner & Schichor, Karlsruhe
Umschlaggestaltung: Studio Schübel, München

Bildnachweis
Umschlagvorderseite: Bildagentur Huber (Heiligtum des Apollo bei Koúrion)
Alle Fotos auf der Umschlagrückseite und im Innenteil von Asisa Madian

Alle Angaben dieses Werkes wurden von den Autoren sorgfältig recherchiert und auf den aktuellen Stand gebracht sowie vom Verlag auf Stimmigkeit geprüft. Für die Richtigkeit der Angaben kann jedoch keine Haftung übernommen werden. Für Hinweise und Anregungen sind wir jederzeit dankbar. Bitte richten Sie diese an den Bruckmann Verlag, Lektorat, Postfach 80 02 40, 81602 München, E-Mail lektorat@bruckmann.de.

Gedruckt auf chlorfrei gebleichtem Papier

Die Deutsche Bibliothek - CIP-Einheitsaufnahme

Ein Titeldatensatz für diese Publikation ist bei
Der Deutschen Bibliothek erhältlich.

Gesamtverzeichnis gratis:
Bruckmann Verlag GmbH, 81664 München
Internet: www.bruckmann.de

© 2002 Bruckmann Verlag GmbH, München
Alle Rechte vorbehalten.
Printed in Italy by Printer Trento S. r. l.
ISBN 3-7654-3729-8